流动公共服务

中国基层社会治理创新研究

MOBILE PUBLIC SERVICE:

STUDY ON INNOVATION OF GRASSROOTS SOCIAL GOVERNANCE IN CHINA

刘银喜　任　梅　朱国伟◎著

中国经济出版社
CHINA ECONOMIC PUBLISHING HOUSE
·北 京·

图书在版编目（CIP）数据

流动公共服务：中国基层社会治理创新研究 / 刘银喜，任梅，朱国伟著．--北京：中国经济出版社，2019.12

ISBN 978-7-5136-5998-7

Ⅰ．①流… Ⅱ．①刘… ②任… ③朱… Ⅲ．①公共服务-研究-中国 Ⅳ．①D669.3

中国版本图书馆 CIP 数据核字（2019）第 284856 号

责任编辑 李煜萍 李若雯
责任印制 巢新强

出版发行 中国经济出版社
印 刷 者 北京九州迅驰传媒文化有限公司
经 销 者 各地新华书店
开　　本 710mm×1000mm 1/16
印　　张 11.25
字　　数 180 千字
版　　次 2019 年 12 月第 1 版
印　　次 2019 年 12 月第 1 次
定　　价 58.00 元
广告经营许可证 京西工商广字第 8179 号

中国经济出版社 **网址** www.economyph.com **社址** 北京市东城区安定门外大街 58 号 **邮编** 100011
本版图书如存在印装质量问题，请与本社销售中心联系调换（联系电话：010-57512564）

前言

PREFACE

新时代，中国迎来了新的改革发展机遇，国家治理能力和治理体系现代化、快速城市化和政府职能转变共同形成了公共服务快速发展与革新的合力。在公民意识快速觉醒、社会力量在政府管理的嵌入式发展阶段下，政府管理出现了多元化、复杂性、耦合性的特征，以往以政府为供给主体的公共服务供给方式已然在庞大且多层次的需求方面显得力不从心。作为一个发展中的多民族国家，如何在不同地区经济发展、资源总量、民族分布、地理环境的差异下进行更加精准的公共服务供给并实现基本公共服务均等化，是当前我国现有公共服务供给方式面临的严峻挑战。

随着我国经济发展进入新常态，中国特色社会主义也进入了新时代，社会主要矛盾已转变为人民日益增长的美好生活需要同不平衡不充分的发展之间的矛盾。在这一转变下，越来越多的公共服务供需矛盾逐渐显现。从地理位置而言，我国的地区发达程度逐渐由东部沿海向西部内陆地区衰减；从人文社会来看，我国的少数民族群体多分布在西部、南部的边疆地区。因此，在地理环境和人文社会的双重作用下，我国的边疆民族地区具有一定的特殊性和复合性。边疆民族地区的复合性和特殊性体现在多个方面，在公共服务的需求和供给领域亦是如此。

经济发展滞后、公共服务需求多元成为边疆民族地区的真实写照。从21世纪初开始，由“行政区经济”到“城市群”的发展，我国的地方经济逐渐形成了优势互补、正向协同的局面。但边疆民族地区的生产方式落后、经济发展结构单一、基础较差，城市群的发展处于起步阶段，难以依靠城市群的协同治理以及产业转型实现经济的腾飞。而且，边疆民族地区与其他地区相比，差别主要体现在“边疆”和“民族”两个方面。边疆民族地区多处于我国的边境地区，其要在实现经济发展的同时负担对外交流、维护边境稳定和安全的职责，因此存在一定的公共服务需求复杂性和供给难度。另外，边疆民族地区内，少数民族群体分布较多。少数民族群体在生活生产方式、文化习俗、语言文字等方面均与其他民族有所不同，因此在公共服务的需求上也较为独特。可以说，经济发展的落后与公共服务需求的多元成为边疆民族地区实现公共服务均等化、维护和实现人民利益的最大障碍。

在我国960多万平方千米的土地上边疆民族地区的占比接近50%，但却仅仅分布着不到5%的人口数量。地广人稀、居住分散成为边疆民族地区的典型特征。而且，一些边疆民族地区内的少数民族生活方式较为流动，这进一步增加了政府公共服务供给覆盖的难度。现有的公共服务基础设施辐射半径有限，难以实现边疆民族地区公共服务的全覆盖，造成了边疆民族地区人民群众满足自身公共服务需求的成本上升、可及性和便捷性降低的现状。在政府现有的公共服务供给方式难以满足边疆民族地区公共服务需求的实态下，作为社会治理创新方式之一的流动公共服务得以提出并能很好地适应边疆民族地区的社会现实。

流动公共服务的出现，是政府职能转变、社会力量参与共同努力的结果，是边疆民族地区为了满足多元化公共服务需求、降低公共服务供给难度的有益探索。流动公共服务作为公共服务供给方式的创新，体现了政府“主动上门”的服务理念，蕴含着均等化、精细化的理论精髓。其“主动、灵活、无缝隙”的服务原则进一步体现出我国政府在实现社会公平正义、构建人民满意的服务型政府方面的价值取向。流动公共服务将现有的公共服务资源进行整合，打破了公共服务供给设施的时空限制，通过流动的载体将多元化的服务送到人民群众的身边。与现有的公共服务供给方式相比，流动公共服务体现出“需求导向、手段灵活、上门服务、整合资源”的核心特征。

刘银喜教授及其研究团队在国家社科规划基金项目“流动公共服务：边疆地区社会治理方式创新研究”的基础上完成了《流动公共服务：中国基层社会治理创新研究》一书。该书的出版不仅意味着流动公共服务已经从概念提出和现象归纳的研究走向了更加深入的阶段，也体现出目前地方政府在流动公共服务领域所进行的有益探索和尝试。

首先，本书从理论层面探讨了流动公共服务的“前世今生”。作为一种源于实践、理论导向的公共服务供给方式，流动公共服务不仅体现出一定的现实性，也与许多公共服务和政府改革理论存在千丝万缕的联系。

其次，本书进一步对流动公共服务的供给模式进行了探索。刘银喜教授独辟蹊径，采用类型学的方法对我国地方政府的流动公共服务运行模式进行了分析，提出了基于“供需向度”和“驱动方式”的类型模式，并深入地指出每种类型下运行模式的实质和规律。

再次，本书着重对流动公共服务体系进行了构建。在参考相关文献的基础上，构建了以“理念驱动、制度设计、行为方式”为层次的流动公共服务体系，将流动公共服务的主体、对象、供给手段、指导理念、行为方式甚至监督评价等内容囊括在内，并进行了详尽的分析。

最后，本书提出了未来流动公共服务的创新所在及展望。作为一种基于现有公共服务供给方式的改进，流动公共服务在理念、方式和体制机制方面的创新表现为在继承现有公共服务供给方式的基础上对社会发展的动态适应。在未来，可以从体系扩展和维度升级等方面对流动公共服务进行进一步探索。

现在，我国的改革已经进入关键时期，全面小康社会的建成，乡村振兴、精准扶贫战略的深入贯彻落实都需要真正“接地气”的新手段和新方法。流动公共服务的出现不仅是政府在公共服务领域的大胆尝试，其多元主体、精准供给的思想也进一步体现出我国政府在社会治理、政府管理改革方面的创新。可以说，流动公共服务蕴藏着公共服务改革发展的内在动力，亦关系着国家治理和政府转型的未来旨向。在《流动公共服务：中国基层社会治理创新研究》一书的总结和启发下，流动公共服务未来在学术界、政府管理实践中将会发挥巨大的作用，有理由期待在未来关于流动公共服务的研究能够百花齐放。

目　录

CONTENTS

导　论

第一节　研究背景及价值

一、研究背景

作为一种基于现有公共服务供给方式的创新，流动公共服务体现出了“源于实践、广泛适用”的特征。流动公共服务这一供给方式起源于社会公众对公共服务的溢出需求，与政府部门的转型改革有着千丝万缕的关联。

首先，随着国家治理能力和治理体系现代化的不断推进，深化政府部门改革成为政府科学化发展应有的题中之义。国家治理能力和治理体系现代化的提出基于我国当前处于经济社会快速发展、公民意识快速觉醒的社会现实阶段。在这一阶段下，政府处于改革的解冻与变革期，以大部制为显著标志的行政改革要求政府部门以提升国家治理能力为目标，将更多的经济职能和社会职能让渡给社会组织和市场主体。这意味着许多以前由政府部门独自承担的职责或提供的服务内容将转向由其他主体或是多元主体共同承担或供给。从公共服务角度讲，国家治理能力和治理体系现代化要求公共服务提供主体多元化以减少政府部门的公共服务负担，并且满足公民的公共服务多层次需求。流动公共服务的出现，意味着多元主体参与公共服务的供给环节，政府部门可以有效地整合政务资源，集中精力在应有的领域内发挥作用。可以说，流动公共服务的出现是实现国家治理能力和治理体系现代化的基本手段之一。

其次，在国家全面建立基本公共服务体系、实现基本公共服务均等化的过程中，如何让落后地区与发达地区享受到同等水平的基本公共服务以及如何创新公共服务的供给方式成为公共服务改革的新议题。国家“十三五”规划中明确提出“增加公共服务供给、加强和创新社会治理，加快落后地区的社会发展”，党的十九大报告中也提出“完善公共服务体系，保障群众基本生活，不断满足人民日益增长的美好生活需要”。随着基本公共服务均等化的不断推进和实践，越来越多的问题显现出来，公共服务在地区、群体、城乡之间的不均等，公共服务的机会、过程和结果的不均等成为当前公共服务供给的突出矛盾。开发一种能在基层真正满足不同地区、不同群体的公共服务供给方式成为实现基本公共服务均等化的首要需求。而流动公共服务这一创新供给方式的出现，为政府公共服务供给提供了便捷、高效的手段。它具有深刻的理论意义与实践意义，不仅保障了民族地区、边疆地区乃至落后地区人民群众的基本公共服务需求，而且在推行和实施的过程中最大限度地体现出公平正义和民主的基本精神，弘扬了良好的社会风气。

流动公共服务在我国发端于20世纪末，最初在边疆与东南沿海地区出现，以满足政府常规公共服务难以辐射到的群体或地区的公共服务需求。随着流动公共服务的不断发展，各个地区不仅出现了许多供给手段，而且将部分流动公共服务职能作为现有公共服务供给方式的有益补充写入了法律法规中。例如：天津高院出台的《关于推进多元化纠纷解决机制建设的实施意见》（津高法发〔2015〕14号）中明确提出要成立流动司法确认站，提高司法确认效率；辽宁省文化厅出台的《辽宁省文化厅关于全面推进流动文化服务的通知》（辽文发〔2015〕6号）直接提出全面推进流动文化服务工作等。流动公共服务是现代公共服务供给制度改革的重要组成部分，它所包含的理论框架、实践经验和制度构建无疑为公共服务供给方式改革提供了更加丰富的路径选择与制度启发，为我们实现公共服务均等化与社会公平正义提供了新的审视角度，亦为我们认知公共服务提供了理念上的视角。

目前，学术界也有一些对于流动公共服务的研究文献。这些研究成果为本书提供了丰富的思想资源和理论依据，也构成了本研究进行深度对话的学术对象和推进相关知识的参照框架。但是，囿于学科视角，现有的研究多在学者自有知识框架内推进流动公共服务的研究，缺失从公共管理学科视角对流动公共服务的探讨。从公共管理学科视角来看，流动公共服务仍然处于现象描述与概念提出的阶段，尽管提出了不少分析维度和层级概念，但多拘于“一时一地”的做法和经验，且诸多经验现象尚未上升为学术话语，相关概念建构、理论解释方面还尚未清晰，缺乏对流动公共服务实施状况系统、全面、整体地认知，亦缺乏更加科学的类型化分析，且大多数研究多聚焦于制度的局部内涵，而缺失从宏观层面和比较意义上进行分析讨论。

二、研究价值

流动公共服务不仅在一定程度上体现出了对社会治理的创新，也进一步满足了边疆民族地区等弱势群体、地区的公共服务需求，为公共服务均等化的实现助力。同时，流动公共服务这一理论体系本身也是对现有公共服务和政府管理相关理论的思考和整合。对流动公共服务这一公共服务供给方式的研究，不仅有着深刻的学术价值，同时也是政府进行机构改革、职能转变的重要手段和基本路径。

（一）学术价值

首先，为流动公共服务的体系构建补充并丰富了流动公共服务的概念和内涵。学界对流动公共服务的研究集中于概念提出和现象归纳阶段，虽提出了流动公共服务的重要意义与概念界定，但对流动公共服务的体系构建、运作流程及服务理念较少涉及。本书在结合他人研究的基础上，以道格拉斯·C. 诺斯的制度分析的三层次为参照构建了包含“理念驱动、制度设计与行为方式”三层次的流动公共服务概念体系，完整阐述了流动公共服务的制度理念、制度设计与行为方式。

其次，对流动公共服务的运作模式进行类型学划分与阐述有利于将不同地区流动公共服务的供给方式整合归纳起来，探索地方政府流动公共服务发展建设的一般规律，并建立起流动公共服务的制度体系。本书结合大量案例与访谈经验，对现有的流动公共服务供给方式进行了类型学分析，以“驱动方式”和“供需向度”两项核心属性为轴勾勒出流动公共服务供给方式类型矩阵模型，对现有的流动公共服务实践及做法进行整合、概括、分类。在此基础上，本书对每种类型进行了详细的策略分析，从理念到供给方式都进行了详细的探讨，从而提炼每种流动公共服务类型的特征及行为模式，为全面、深入地研究流动公共服务提供学理依据。

最后，本书对流动公共服务的研究能够与其他层次的公共服务供给理念、制度设计等进行有机结合，完善了公共服务整体性治理研究的框架。整体性治理的取得公共利益的目标、采取公私部门合作的手段、建立大部制的组织结构基础无一不与流动公共服务相契合。流动公共服务不仅以公共利益为最终目标，而且将企业和社会组织也作为服务提供的主体，同时强调对各种服务和资源进行整合，这与大部制的组织结构极其相似。整体性治理作为后新公共管理时代政府治理模式的新顶层设计，恰恰需要流动公共服务这样具有一定契合性的公共服务供给方式来完善制度的实践层面。

（二）社会影响

流动公共服务在政府管理方面的作用潜力巨大。首先，流动公共服务成为实现公共服务均等化的具体手段之一。随着国家“十二五”规划的出台，公共服务均等化成为政府公共服务发展下一步的路径指引与实现目标。但公共服务均等化从其本身性质上来讲是一个指导性的原则或是制度目标，并没有具体的实现措施配套。对于公共服务在地区、城乡、群体之间的不均等现状，学界一般通过公共财政等手段去消解，而很少对改进公共服务本身进行关注。流动公共服务本身主动、灵活的特征有助于政府在提供公共服务的过程中减少公共服务的空间和群体限制，让公共服务也能在落后地区、特殊群体之间进行供给，从而真正实现公共服务均等化。目前，流动公共服务的范畴和运行范围有限，因此本研究将流动公共服务的视角聚焦于法律、医疗、安全和文化几大方面（见图 0-1）。

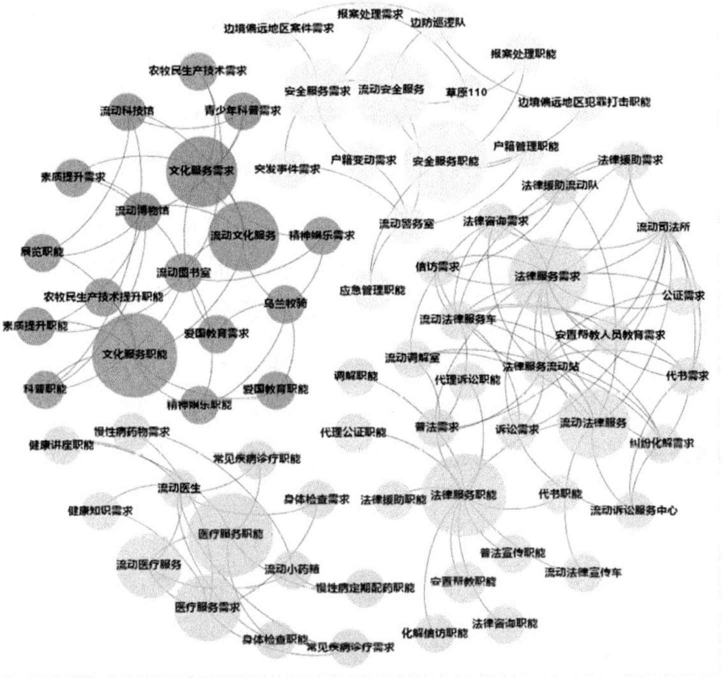

图 0-1 流动公共服务集中领域

以法律公共服务为例，先以“法律流动公共服务”“流动司法所”“流动法律服务”等为关键词，在网络上进行文本数据的采集，得到了 66 个地方政府（并未设定行政级别）的实践做法，然后将文本数据进行清洗和整理。从地域角度来看，目前在我国 20 多个省（区、市）都存在流动法律公共服务，不论是西部落后地区还是东部沿海发达地区，流动法律公共服务都有着一定的适用性。

其次，流动公共服务有助于政府进一步节约和整合政务资源。流动公共服务与现有公共服务供给方式的区别不仅在于其主动性和灵活性，也在于流动公共服务本身具有一定的资源整合性。由于流动公共服务供给秉承着“只跑一次”的原则，一次需要服务多个地区和群体，所以服务内容尽可能更加全面以满足更多需求。以法律服务为例，现有的司法部门可能仅仅提供诉讼、调解、审判等服务，而流动司法所不仅具有上述职能，同时也具有帮教、代书、普法宣传等职能，在现有公共服务内容的基础上进一步整合了其他服务内容，不仅方便了人民群众，同时也实现了政务资源的整合和节约。以 66 个地方政府的流动法律公共服务和 85 个地方政府的流动文化公共服务为例（文本数据来源于网络爬虫），本书进行了简单的词频统计以将二者的职能整合情况进行可视化展示，具体结果见图 0-2，从中可以明显地看到二者的政务资源和职能整合情况。流动法律公共服务将纠纷调解、法律知识宣传、法律援助、化解矛盾等职能进行了整合，而流动文化公共服务将图书馆、博物馆等资源和文艺演出、电影放映等职能进行了整合。综上所述，可以发现目前的流动公共服务具有一定的政务资源和职能整合作用，这也是流动公共服务的显著特点之一。

图 0-2　流动法律公共服务与流动文化公共服务关键词词频统计

最后，流动公共服务在边疆民族地区和落后地区有着独特的适用性。现有公共服务供给方式体现出固定性的特征，将公共服务安置在某一区域，有公共服务需求的群众可以通过上门的方式去接受服务。但是边疆民族地区和落后地区的公共服务基础设施发展水平低，且这些地区本身的公共服务可及性较差，因此在享受服务的便捷性方面存在一定的内生性缺陷。而且，随着服务型政府等理念在公共管理领域逐渐深入发展，政府也在积极改革公共服务供给方式，出现了如政务整合、“一站式”服务等方式。虽然这些创新的政府公共服务供给方式在一定程度上改善了公共服务的时空限制情况，但在边疆民族地区和落后地区这些方式的作用明显要受到更多条件的制约。边疆民族地区和落后地区人口居住分散，公共服务需求也呈现出层次化的特征，“一站式”服务等公共服务供给方式难以满足复杂的需求现状。流动公共服务在保留“一站式”服务整合政务资源的基础上摈弃了现有的被动理念，采取主动上门的方式为有需求的群众提供服务。而且，由于流动公共服务具有一定的灵活性，在不同时空提供的服务内容也可以随意组合，因此能满足不同群体的多层次公共服务需求。

第二节 研究综述

一、关于公共服务创新的相关研究

国外对公共服务的研究起源于 18 世纪，大卫·休谟关于草地问题提出了最早的“公共物品”的概念，探讨了“集体消费品”这一只能由政府来进行规则制定的物品。[①] 而随后的亚当·斯密提出政府的三大职能之一便是“建立并维持公共机关和公共工程”。[②] 在公共物品这一概念的基础上，莱昂·狄骥在 1912 年首次提出了公共服务的概念，其将由政府部门进行规范和调控的、体现社会利益的活动称为“公共服务”。自此，关于公共服务和公共物品的概念都被提炼了出来。而 E. S. 萨瓦斯随后在其著作中提到关于公共物品和公共服务的区别：公共服务更加偏向于那些非物质

---

① HUME D. A treatise on human Nature [M]. Oxford: Oxford at the Clarendon Press, 1888: 577-579.

② SMITH A. The wealth of nations [M]. New York: Bantam Books (Random House), 2003: 219-362.

形态的服务型公共物品，而公共物品则是具有一定现实载体的。[①]

随着西方国家经济实力的不断加强，政府和公民对公共服务的供给和需求也越来越多样化，从而造就了一系列不同的公共服务创新理论。随着福利制的不断发展，福利制国家的政府规模和财政压力不断增大，政府部门顾此失彼的情况饱受民众诟病，新公共管理理论应运而生。新公共管理打破了现有公共服务由政府独立提供的桎梏，强调市场竞争在公共服务中的作用，并将效率作为政府公共服务的目标之一。新公共管理理论的出现使得许多政府部门进行了改革，从而在一定程度上解决了公共部门的财政压力和公共服务负担，但新公共管理理论倡导将企业管理理论运用在政府管理领域的做法有待商榷。随着新公共管理理论的不断推广，其“企业家政府”的概念也开始受到各界的批评，其中最著名的便是新公共服务理论。新公共服务理论认为企业家政府过度强调效率而忽略了对民主价值的追求，故而认为应将公民参与置于公共服务、民主治理的核心位置。新公共服务理论不再将政府看作服务顾客的企业，也不再将公民看作顾客，而是强调“服务”与“公民”，更加注重公共利益。与传统的公共服务理论相比，新公共服务理论的创新主要集中于两点：第一点是强调公共利益。新公共管理理论更加强调公共服务的效率，而忽视了公共服务满足公共利益的本质，新公共服务理论则将公共利益置于首位。第二点是更加强调公民的参与，这也是一种民主的体现。以往的公共服务理论更加关注服务内容和服务的提供，强调如何提供更让公民满意的服务，而没有真正地将公民的需求考虑在内；新公共服务理论强调“公民参与”的概念，更加注重在每个环节中的公民参与。20 世纪 90 年代，随着全球化的推进，国际竞争愈发激烈，要求各国政府部门进行改革以应对全球化浪潮带来的挑战。而且，社会组织也不断发展，期望成为公共服务供给的主体之一，借此以表达公民的公共服务诉求。在这样的环境下，治理理论成为处理好政府、

① E. S. 萨瓦斯．民营化与公私部门的伙伴关系［M］．周志忍，译．北京：中国人民大学出版社，2002：45-63.

市场和社会组织三者之间关系的良方。治理理论强调政府与非政府部门合作来提供公共服务，体现出公共服务主体的多元化特征。治理理论成为当今公共服务创新理论最重要的基石之一，无论在何种情况下探讨公共服务创新都离不开多元主体的参与。而且随着城市化进程的不断加快，行政辖区内社会公众对公共服务的需求呈现出与日俱增的趋势，公共服务的领域与范围也得到了必要性的拓宽，概念内涵也得到了丰富。理查德·博克斯认为传统供给模式已不能有效适应当下的公共服务需求，公共服务的具体供给应当主要依托于政府系统内部的正式组织机构（特别是科层官僚机构）。①

从公共服务创新的路径选择角度来看，许多学者也有自己的观点。Ian Vickers 等认为，随着当今社会挑战的不断增加以及资源约束问题愈加严重，公共部门面临着越来越复杂的社会现实。在这样的背景下，公共服务的创新在很大程度上可以帮助政府部门解决这些问题。而目前公共部门由于规避风险而缺乏创新激励机制。而在社会上，许多混合型组织有着自己独特的制度逻辑，所谓的制度逻辑是指一套制约着特定组织域中的信念系统，是组织各方经过不断的交往和妥协而形成的，它是集体的结果。这些制度逻辑对公共服务创新有很强的借鉴意义。社会、市场和政府三者在文化创造、数据分享和保护、经济管理上存在一定的制度逻辑相互作用，除了三大主体之外，地方政府官员、公共服务的受众和公共服务提供的合作者也是制度逻辑的参与者。这些主体共同构成了公共服务创新的制度逻辑，也阐明了公共服务创新的参与者和关键点。② Noel Carroll 则从社会网络的角度出发探讨公共服务的创新。作者认为当前我们正处于一个极度复杂的公共服务网络之中，在这样的网络中包含着知识和文化、实践的共享。而创新是成功的驱动因素之一，故而许多私人部门更加愿意尝试各种

---

① 理查德·博克斯．公民治理：引领 21 世纪的美国社区［M］．孙柏瑛，等译．北京：中国人民大学出版社，2005：105.

② VICKERS I，LYON F，SEPUIVEDA L，et al. Public service innovation and multiple institutional logics：The case of hybrid social enterprise providers of health and wellbeing［J］. Research Policy，2017（14）：1755-1768.

创新策略以增加自己的利润，这在一定程度上会造成服务创新知识的共享受到阻碍。这意味着需要出台相关的方案以促进服务创新最佳实践和知识的共享，从而让政府能学习到更加优秀、更加先进的公共服务创新策略，摆脱那些传统的管理主义公共服务供给模型。① Faridah Djellal 等则对公共服务创新进行了四种视角划分。② 第一种视角是“同化”，也就是将公共服务创新等同于制造业的创新，将服务创新等同于商品创新（在作者看来，服务创新是一种无形的商品创新）。公共服务创新也强调与技术系统的关系，从而形成了“技术人员视角”下的公共服务创新，主要侧重于从制造业创新中采纳创新经验，将制造业中的创新经验逐渐融入服务业。第二种视角是“反转”。与将服务业描绘成落后行业的传统观点相反，该类型将公共服务看作整个经济中创新的来源。许多大型服务公司都可以起到创新的作用。③ 第三种视角是“分界”。“分界”视角关注服务的特定性，指出公共服务创新经常受到服务营销和运营管理以及新服务开发案例研究的启发。“分界”视角强调创新可以采取的不同形式，以及组织服务创新流程的独特性。④ 第四种视角是“综合”，试图为商品和服务产品、制造业和服务业以及技术和非技术形式的创新提供相同的分析框架。从这个观点出发，我们可以从二元对立的角度分析两者的相似点和对比点，以加深对创新过程和实践的理解。“综合”观点在当前制造业更加注重“服务”而服务业更加注重“产品”的时代下有着重要的意义。

随着公共服务的不断改革，学者越来越关注公共服务供给对公众需求的回应性以及公共服务和公众之间的距离和隔阂，并探索拉近政府与公众

---

① CARROLL N. So that' s what the impact of IT innovation looks like? Examining the socio-technical dynamics of public service innovation [J]. Journal of Enterprise Information Management, 2016, 29 (5): 1-29.

② DJELLAL F, GALLOUJ F, MILES I. Two decades of research on innovation in services: Which place for public services? [J]. Structural Change and Economic Dynamics, 2013, 27 (12): 98-117.

③ GALLOUJ F. Services innovation: Assimilation, differentiation, inversion and integration [R]. MPRA Paper, 2002.

④ GALLOUJ F. Innovating in reverse: Services and the reverse product cycle [J]. European Journal of Innovation Management, 1998, 1 (3): 123-138.

在公共服务领域的距离的方法。安瓦·沙认为，政府应该解决穷人需求的干预覆盖面及公平性问题，使基本公共服务体现其核心原则的普遍性，实现公共服务的社会效益。以健康公共服务为例，通过拟定出“物理可接近性、人力资源的可获得性、组织质量、社会责任、相关性与使用情况、及时性与持续性、技术质量”等一系列善治指标，与公众实际需求相对应，实现符合基层需求的公共服务供给。同时，“地方政府无须参与资产建设，也不应当参与日常管理和由该资产提供的服务”。因此，要通过一个精心起草的合同协议为服务提供、资金提供和质量监督设立条款和先行条件，设置必须实现的绩效标准或指标。Steven Van de Walle 则探讨了公民、公共组织和社会之间在公共服务提供中形成的关系。通过调查公共服务的公民满意度，以更好地理解公共服务质量的决定因素。此外，本书强调了在公共服务中管理情绪的重要性以及公共服务质量评估应如何考虑对社会价值的影响。① Peggy McDonough 从公共服务的供给主体即政府的公职人员角度出发，对新时代下公共服务的理念进行了理论和实证分析。他认为公共服务使公务员在公共服务供给过程中变得社会化，这使得供给过程具有预反射、具体化和直接性的特征。通过将公共服务习惯与对公共利益的实际表现联系起来，用案例表明了一线工人对于公共服务所实现的社会利益的具体需求。

就国内研究而言，随着改革开放的不断深入以及科学技术的不断发展，公共服务创新也体现出了动态特征，经历了一系列的变化和发展，主要表现在服务主体更加多元、服务政策不断优化、供给手段不断改善等方面。② 就公共服务提供主体而言，单纯的政府供给模式存在内生性缺陷，导致政府部门在提供公共服务时出现效率与质量低下的情况，并且缺乏成本收益分析。而随后的公共服务市场化虽然提升了公共服务的效

① VAN DE WALLE S. When public services fail: A research agenda on public service failure [J]. Journal of Service Management, 2016, 27 (5): 831-846.

② 孙晓莉．政府公共服务创新：类型、动力机制及创新失败 [J]．中国行政管理，2011 (7): 47-50.

率，但市场营利的特征与公共服务的公益本质产生了激烈的冲突，降低了市场提供公共服务的积极性。而且，市场受制于价值规律，往往选择将资源投入有利可图的领域，一定程度上会造成供需不匹配的情况。正是基于以上两种情况，公共服务供给模式转向由政府、市场和社会三者共同提供，其中，政府作为服务规划者，主要进行政策的制定和监督管理；市场作为政府购买公共服务的对象，进行服务的提供和资源的整合；而社会组织则是公共服务提供的间接主体，经由市场二次分工或是公民自发供给服务以满足公共服务需求。①

从公共服务政策以及理念创新的角度而言，公共服务创新主要集中于消弭公共服务的不均等现象，维护公共利益，实现共享发展。根据社会福利函数的概念，公共服务的分配要体现合理性，而不是平均性。改革开放以来，我国大量的公共服务资源优先向东南沿海、城市地区集中，造成了公共服务在地区之间、城乡之间的不均等。为此，"公共服务均等化"这一概念被提出以作为消除公共服务不均等现象的政策目标创新。公共服务均等化是指政府要为社会公众提供大致均等的公共物品和公共服务，它是现代公共财政的目标之一。② 公共服务均等化作为一种政策目标的创新，与现有公共服务政策在结果上满足公共服务需求的目标不同，将机会、过程和结果均等作为其政策目标。机会均等与结果均等之间辩证统一，机会均等是前提，结果均等是目的，两者共同作用于基本公共服务提供的全过程，③ 而过程均等则是公共服务提供动态化的体现。而且，随着网络技术的快速发展，共建共享成为公共服务新的政策目标。网络和计算机技术的快速发展提供了强大的信息、资源和技术的整合能力，为政府、企业和社会组织多元主体的有机结合提供了条件。通过网络化治理，三者

① 郁建兴，吴玉霞．公共服务供给机制创新：一个新的分析框架［J］．学术月刊，2009，41（12）：12-18.

② 戴文亮．民族地区基础教育服务均等化及其路径探讨［J］．新疆社科论坛，2013（2）：85-88.

③ 高萍．区域基本公共教育均等化现状、成因及对策——基于全国各省（市、自治区）面板数据的分析［J］．宏观经济研究，2013（6）：91-97.

均可作为共建共享的主体，从而实现公共服务的精准化供给，真正提升公共服务的满意度。①

从公共服务供给手段创新的角度而言，科学技术起到了重要的作用。首先，大数据技术的发展为公共服务创新提供了技术支持。大数据技术的出现为公共服务决策的科学化提供了良好的基础。基于政府门户网站等众多公众参与渠道，政府可以将信息收集起来利用数据分析技术进行公共服务决策，从而将个人经验的影响降至最低，实现决策的科学化。而且，大数据技术可以利用数据分析来对不同的公共服务进行针对性供给，从而提升公共服务的精细化。② 其次，电子政务的出现从多个层面创新了公共服务。《国家电子政务总体框架》的出台，对电子政务在公共服务供给手段、理念、体制和服务能力创新方面均有促进作用。电子政务使得许多面对面直接提供的公共服务转变为以电子手段提供的服务，从而创新了供给手段；电子政务的透明化、规则化潜移默化地对公共服务的理念起着影响，从而创新了公共服务的理念；电子政务整合信息资源、简化服务程序，为政府部门体制创新奠定了基础。电子政务在以上三方面创新，帮助政府增强了公共服务的创新能力。③ 最后，"互联网+政务服务"的出现为公共服务供给手段创新提供了路径指导。在"互联网+"的浪潮下，许多地方政府开始探讨"互联网+政务服务"的公共服务供给创新做法。在结合现有做法的基础上，为了创新"互联网+政务服务"的供给手段，政府部门需要搭建数据平台、共享政务信息以了解公共服务的需求；梳理与明确权力清单和审批标准可以有效地确定公共服务的供给主体及职责；深挖数据资源、打造主动政府可以提升公共服务的深度和广度，并且主动政府打破了现有的被动公共服务供给模式，创新了公共服务的供给方式。④

---

① 何继新，李莹．公共服务供给"共建共享"的创新转向：一个网络化治理论纲［J］．长白学刊，2017（1）：55-62.

② 陶国根．大数据视域下的政府公共服务创新之道［J］．电子政务，2016（2）：68-73.

③ 杜治洲，汪玉凯．电子政务与中国公共服务创新［J］．中国行政管理，2007（6）：47-50.

④ 蒋薇，唐晓阳，陈家刚，等．地方政府整体性治理与公共服务创新——基于广州市海珠区"互联网+政务服务"的实证分析［J］．党政研究，2016（6）：108-115.

公民参与对公共服务供给手段的创新也起到了十分重要的作用。随着公民意识的快速觉醒，以及公共服务的多元化需求，公民与政府的互动成为政府管理的重要逻辑互动之一。公民参与的缺失会导致公共服务创新难以保证公共需求导向、偏离公共利益目标、失去有效监督，所以说公民参与是公共服务创新的必由之路。① 因此许多基于民主价值的公共服务创新供给方式出现，网络化治理是民主参与公共服务的典型创新做法。公共服务供给网络化治理是指为了实现公共利益，以网络平台为技术支撑，以政府、企业和社会组织为主体构建的网络化公共服务供给结构。可以看到，在网络化治理中，治理主体呈现出多元化和责任分散化的特征，而且由于多元主体的存在往往会导致主体之间的边界模糊且对公共服务需求的弹性化响应。在网络化治理中，公民不再作为公共服务的被动接受对象，而是主动参与公共服务的供给，成为信息和资源整合的一部分。② 但需要注意的是，公民参与抑或多元主体参与公共服务的生产和提供，并不仅仅意味着增加主体，而是要发挥不同主体在不同服务类型中的重要作用。③

如果说网络化治理是对民主价值在公共服务供给中的整体性讨论，那么流动公共服务这一公共服务供给的创新模式则是民主价值在边疆民族地区和落后地区的体现。在政府职能转变与行政改革的双重作用力推动下，建设服务型政府成为我国政府发展的新方向。而且，流动公共服务的现实基础在于现有公共服务供给方式难以真正体现公众的需求，并且在供给上存在一定的低效率现象。而流动公共服务供给模式的出现，不仅从供给方式上对公共服务进行了创新，同时也是对政府理念的一种创新。流动公共服务主动、灵活及无缝隙的理念让公共服务的供给更加高效、契合民

① 彭向刚，张杰．论我国公共服务创新中公民参与的价值及路径［J］．吉林大学社会科学学报，2010，50（4）：5-10+159.

② 何继新，李莹．公共服务供给“共建共享”的创新转向：一个网络化治理论纲［J］．长白学刊，2017（1）：55-62.

③ 杨颖．公共服务的概念、分类及供给主体创新研究［A］//中国科学学与科技政策研究会．第七届中国科技政策与管理学术年会论文集［C］．2011：15.

意。流动公共服务很好地结合了服务型政府、回应型政府以及无缝隙政府的理论精髓，变革了民族地区公共服务供给方式，也是新时代社会治理的创新性探索。[①] 流动公共服务实现了边疆民族地区与其他地区之间的公共服务均等化，提升了边疆民族地区的公共服务便捷性与可得性，实现了边疆民族地区的社会治理能力与治理体系现代化。[②] 还有一些从流动文化公共服务[③]、流动法律公共服务以及流动安全公共服务、流动社会保障服务等具体视角出发的研究，以微见著。这些研究主要集中于当前公共服务的流动要素缺失问题，从不同的服务领域对流动公共服务的做法、成就以及创新进行了阐释。

二、关于社会治理创新的相关研究

20 世纪 80 年代末，“治理”一词反复用于政治学、经济学等研究之中。国外学者罗西瑙、斯托克（2000），库依曼（2000）等都对治理有着深刻的理解。国内学者俞可平（2000）、陈振明（2003）、徐勇、毛寿龙等对治理的理解也具有一定的代表性。学术界普遍认为，提供公共服务的职责不仅囿于政府，非政府组织与私人组织同样可以提供公共服务。关于边疆地区社会治理的研究非常少，周平（2008）在《我国的边疆与边疆治理》中有过较宽泛的探讨。党的十八届三中全会提出的社会治理创新，是理论研究的深化和社会治理实践的宏观指导，党的十八届三中全会提出的创新社会治理目的和原则，成为当前学术界对社会治理和社会治理创新研究的指南。

围绕社会治理创新研究的相关文献较多，并且呈现出了多领域的研究趋势。为了准确地了解社会治理创新研究的时空特征，通过 Citespace 软件绘制了 Cnki 关于社会治理创新的相关文献可视化图谱。文献搜索时间截至

---

① 刘银喜，任梅．流动公共服务：公共服务供给方式创新——概念提出、逻辑起点及创新价值［J］．中国行政管理，2015（8）：83-87.

② 白维军．流动公共服务与边疆民族地区社会治理［J］．民族研究，2017（3）：14-26.

③ 创建办制度设计研究小组．鄂尔多斯市公共文化流动服务研究［J］．鄂尔多斯文化，2013（2）：8-13.

2018 年，以“社会治理创新”为搜索主题通过 Cnki 高级检索，共有核心期刊与 CSSCI 期刊文献 537 篇。最终根据 Citespace 得到社会治理创新研究热点演进的关键词时区知识图谱，如图 0-3 所示：

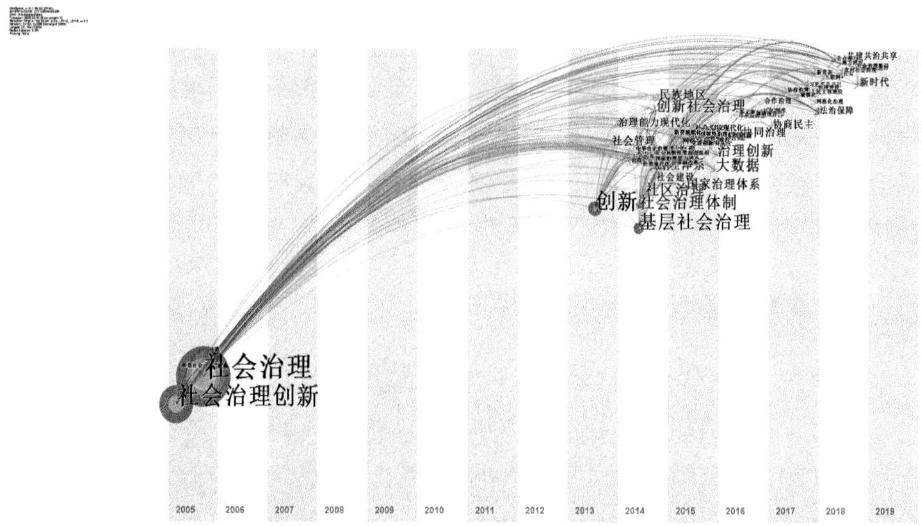

图 0-3　社区治理创新研究关键词时区知识图谱

通过时区知识图谱可以将对社会治理创新的研究分为两个阶段。第一阶段是社会治理创新研究的增长阶段（2005—2012 年），社会治理创新在构建和谐社会的目标提出后开始受到学界关注。这一时期的研究方向主要集中于社会治理创新与建设和谐社会、创新社会治理模式等。第二阶段是社会治理创新研究的爆发阶段（2013 年至今），在这一阶段关于社会治理创新的研究呈指数增长趋势，其原因在于党的十八届三中全会审议通过的《中共中央关于全面深化改革若干重大问题的决定》着眼于维护最广大人民根本利益、最大限度增加和谐因素、增强社会发展活力，提出了创新社会治理体制的新理念、新要求、新部署，强调了创新社会治理体制的重要性，使得社会治理创新成为学界研究的热点。这一阶段出现频率较高的关键词（出现频率大于 5 次）有社会治理、社会治理创新、基层社会治理、社会治理体制、社区治理、大数据、治理创新、治理体系、法治、民族地区、协同治理、网格化、新时代、治理能力现代化等。创新、创新社会治理、社会组织、网格化、协商民主等也是一些比较重要的关键词，具有较高的中心性。通过归纳分析发现这一时期的研究重点集中于社会治理创新的概念内涵等基础性理论分析、社会治理体制机制创新研究、基层社会治理创新、互联网大数据时代下社会治理创新趋势、新时代打造共建共治共享的社会治理格局等方面。

图 0-4　社会治理创新研究聚类图谱

为了准确了解社会治理创新的研究主题与聚焦热点，最终我们采用 Citespace 对 2005—2018 年关于社会治理创新的研究成果进行分析，绘制了聚类图谱（见图 0-4），并对聚类结果进行了描述、梳理与分析。通过分析高被引论文的研究方向和知识图谱中的关键词分布后可知，目前对社会治理创新的研究主要聚焦在概念内涵解读等基础性理论分析、社会治理体制创新、基层社会治理、大数据时代社会治理创新的路径选择、民族地区社会治理创新五个研究领域。

（一）社会治理创新基础理论研究

目前，社会治理创新基础理论研究专注于从不同理论视角对社会治理的相关概念及内涵特征等进行解读。陈福今①（2005），江必新、李沫②（2014）等学者分别基于不同时期党的治国理政理念背景对社会创新治理的内涵、意义、要求、制度构建等方面进行了研究。唐鸣、祁中山③（2015）从马克思主义群众观的基本原理出发，研究了社会治理创新中的群众观点、群众路线和群众工作三个维度。王勇④（2013）对改革开放以来中国社会治理创新进行了历史考察，并将其分为初步探索、稳步推进、全面加强三个阶段。段妍⑤（2015），周巍、沈其新⑥（2016）分别探讨了马克思市民社会理论和“国家—社会”关系理论对中国现代社会治理创新的参考意义。罗会军（2016）、范如国⑦（2016）认为社会治理体系本质上是社会制度系统，并从社会制度系统的复杂“二相性”对社会治理创新的思路和方式进行了分析。李德嘉⑧（2016）研究了儒家“德治”思想在社会治理创新中对于培育民间自治力量与提高公民道德素质方面的借鉴意义。王连伟⑨（2015）从社会治理理念、体制机制构建等方面研究了国家

---

① 陈福今．创新社会治理［J］．瞭望新闻周刊，2005（44）：11-13.

② 江必新，李沫．论社会治理创新［J］．新疆师范大学学报（哲学社会科学版），2014，35（2）：2+25-34.

③ 唐鸣，祁中山．理解社会治理创新的三个维度［J］．科学社会主义，2015（2）：108-112.

④ 王勇．改革开放以来中国社会治理创新的历史考察［J］．科学社会主义，2013（6）：102-106.

⑤ 段妍．马克思视野下“国家—社会”关系理论与中国现代社会治理创新［J］．理论探讨，2015（3）：20-23.

⑥ 周巍，沈其新．马克思市民社会理论与当代中国社会治理创新［J］．甘肃社会科学，2016（1）：151-155.

⑦ 罗会军，范如国．社会制度系统的复杂“二相性”与社会治理创新研究［J］．学习与实践，2016（2）：94-103.

⑧ 李德嘉．儒家“德治”思想的社会治理创新价值［J］．理论与改革，2016（1）：56-60.

⑨ 王连伟．国家治理现代化进程中的社会治理创新：非均衡性及其应对［J］．教学与研究，2015（2）：36-43.

治理现代化进程中的社会治理创新现实路径。马海韵①（2018）认为打造共建共治共享的社会治理格局是社会治理领域最重要的原则和创新方向，是新时代坚持和发展中国特色社会主义的一项重大任务，是实现国家治理体系和治理能力现代化的必然要求。王玉珍②（2006）基于多维变动的角度研究了生产资料所有制结构、社会阶层构成、社会意识形态、社会治理程序方面的社会治理模式的创新。付建军、张春满③（2017）认为多元主体是治理的核心内涵，并提出地方社会治理创新应引入协商民主技术实现社会治理创新模式从悬浮走向协商。肖文涛④（2007）、张雪梅⑤（2014）等分别从社会创新治理面临的挑战、制约因素、实践困境和创新动因等方面探讨了社会创新治理的路径选择。王勇⑥（2017）认为社会治理创新成效关键在于政府积极作为、积极提供公共服务。

（二）社会治理体制创新研究

姜晓萍⑦（2014）研究了社会治理体制创新与国家治理体系的内在逻辑，提炼了国家治理视阈下社会治理体制的价值目标，诊断出社会治理体制创新面临的现实误区，提出推进社会治理体系和治理能力现代化的实施策略。郭风英⑧（2013）以“国家—社会”理论为分析视角将社会治埋模式分为无主地模式、国家控制社会模式、社会参与国家模式、“国家—社会”合作模式、“国家—社会”共生模式和社会自治模式，认为未来我国

---

① 马海韵．共建共治共享：国家级新区社会治理格局［J］．学海，2018（5）：89-95.

② 王玉珍．多维变动下社会治理模式的创新［J］．南京社会科学，2006（5）：78-82.

③ 付建军，张春满．从悬浮到协商：我国地方社会治理创新的模式转型［J］．领导科学，2017（10）：21.

④ 肖文涛．社会治理创新：面临挑战与政策选择［J］．中国行政管理，2007（10）：105-109.

⑤ 张雪梅．新时期社会治理创新的制约因素与民主路径解析［J］．社会主义研究，2014（1）：111-119.

⑥ 王勇．社会治理创新与政府积极作为［J］．国家行政学院学报，2017（1）：66-70+127.

⑦ 姜晓萍．国家治理现代化进程中的社会治理体制创新［J］．中国行政管理，2014（2）：24-28.

⑧ 郭风英．“国家—社会”视野中的社会治理体制创新研究［J］．社会主义研究，2013（6）：70-75.

社会治理体制改革和创新应推动“国家—社会”的合作治理。邵静野、来丽梅①（2014）着眼于当前社会治理体制创新中社会协同的现实操作，探讨了如何构建社会协同的政府主导机制、责任分担机制、合作动力机制、成本分担和收益分配机制、集体行动机制、信息共享机制、监督评估机制。唐爱军②（2014）从实现社会治理主体多元化、积极培育社会组织、创新有效预防和化解社会矛盾机制三个方面研究了社会治理体制创新和制度建设。杨仁忠③（2014）对非制度性的社会力量即社会公共领域进行了研究，认为社会公共领域能够通过促进政府职能转变和培养理性社会主体从而促进社会治理体制的创新。刘玮④（2014）分析了传统农村社会治理体制的现状，并分别从基层权力体制、基层政府职能和农村基本公共服务发展等方面提出了解决途径。周庆智⑤（2014）研究了如何深化改革社会组织建设以推进社会治理体制创新。曹永军、崔赞梅⑥（2015）在公平正义的语境下运用马克思主义基本原理动态地分析公平正义的社会治理理念的演变及其对社会治理体制发展的影响。孙涛⑦（2015）研究了扩大公众参与和建立跨部门合作社会治理机制对推进社会治理体制创新的现实意义。曾维和、贺连辉⑧（2015）研究了当前社会治理体制创新成果，主要是党委、政府、社会组织和居民四大治理主体所构成的一种线性关系和制

① 邵静野，来丽梅．社会治理体制创新中社会协同机制的构建［J］．东北师大学报（哲学社会科学版），2014（1）：204-206.

② 唐爱军．社会治理体制创新路径探析［J］．开放导报，2014（1）：67-70.

③ 杨仁忠．社会治理体制创新与社会公共领域参与研究——对党的十八届三中全会有关社会建设问题论述的深层研读［J］．学习论坛，2014，30（2）：43-46.

④ 刘玮．农村社会治理权力体制创新的三个关键问题［J］．求索，2014（3）：114-117.

⑤ 周庆智．社会治理体制创新与现代化建设［J］．南京大学学报（哲学·人文科学·社会科学），2014，51（4）：148-156+160.

⑥ 曹永军，崔赞梅．公平正义语境下的社会治理体制创新［J］．河北大学学报（哲学社会科学版），2015，40（2）：112-115.

⑦ 孙涛．以扩大公众参与推进社会治理体制创新［J］．理论导刊，2015（11）：21-24+36.

⑧ 曾维和，贺连辉．社会治理体制创新：主体结构及其运行机制［J］．理论探索，2015（5）：82-87.

度安排，包括内核层、保障层和任务层三大运行机制。董田甜、赵晖①（2016）基于民生政治的视角研究了社会治理体制创新的路径，以转变治理理念为社会治理体制创新目标，包括以治理制度变革为社会治理体制创新核心，以治理资源整合为社会治理体制创新基础，以基本公共服务为社会治理体制创新重点，以民权法治化为社会治理体制创新保障。

（三）大数据时代社会治理创新的路径选择研究

大数据时代的到来既给社会治理带来了发展机遇，同时也带来了新的挑战。如何顺应大数据时代社会发展的新趋势，利用大数据优势推进社会治理创新成为各界关注的议题，学界从不同角度探讨了大数据时代社会治理创新的路径选择。

鲍宗豪、宋贵伦②（2014）认为大数据时代的社会治理具有双重特质，因此提出大数据时代的社会治理研究路径，必须以“现实世界”为基础，更应突出关注“镜像世界”。陶希东③（2016）归纳了数据社会所具有的新特点，分析了大数据体系对我国社会治理带来的机遇和挑战，并在此基础上提出了大数据时代社会治理从经验型治理走向精准型治理、从封闭走向开放、从碎片化走向整体性、从政府主导型治理走向政社合作型治理的路径转向。戴香智、马俊达④（2016）分析了大数据时代社会治理的困境，探讨了大数据给社会治理创新所带来的新生态，并从社会治理理念、社会治理体制、社会治理方式、社会治理能力、社会大数据治理平台等方面提出了大数据时代社会治理的创新路径。呼连焦、刘彤⑤（2018）认为社会治理创新路径应以满足人民日益增长的美好生活需要为出发

---

① 董田甜，赵晖．社会治理体制的变革逻辑与创新路径——基于民生政治的视角［J］．行政论坛，2016，23（4）：1-6.

② 鲍宗豪，宋贵伦．大数据时代的社会治理创新［N］．中国社会报，2014-12-19（008）.

③ 陶希东．大数据时代中国社会治理创新的路径与战略选择［J］．南京社会科学，2016（6）：85-90.

④ 戴香智，马俊达．大数据时代下的社会治理创新：概念、关系与路径［J］．中国科技论坛，2016（10）：39-44+52.

⑤ 呼连焦，刘彤．大数据视域下社会治理：机遇、挑战与创新［J］．湖湘论坛，2018，31（4）：63-70.

点，以法律为底线、以安全为准则、以社会善治为社会治理的最终目标。曾庆华、陈成鑫[①]（2018）对大数据时代政府职能的转变进行了研究，强调政府要突出大数据理念，出台相应法规政策，加强社情民意分析，构建共建共治共享的社会治理格局。陈潭[②]（2016）研究了建构社会治理的新思路和新模式，认为大数据时代的社会治理应实现从封闭式管理走向开放式治理、从静态化管理走向流动性治理、从精细化管理走向精准化治理、从网格化管理走向网络化治理、从单向度管理走向协同化治理的路径转向。郑志来[③]（2016）从社会治理模式演变和构成论述了大数据背景下社会治理模式创新，认为应形成以政府为主导、技术型企业为主力、非政府组织和民众参与为桥梁的合作治理平台。

（四）基层社会治理创新研究

基层是社会治理的重点难点，因此创新基层社会治理是社会治理创新的重要内容。戴鸿[④]（2014）总结了基层社会治理创新的特征和面临的问题，并提出创新基层社会治理体现了全面深化改革的总基调。李万钧[⑤]（2017）探讨了改革基层社会治理的总体思路和具体措施。部分学者从不同角度总结了我国各地当前基层社会治理的实践经验，杨宜勇[⑥]（2016）研究了基层社会治理的福田模式，认为福田基层治理模式的创新体现在坚持党建引领、坚持多元共治、坚持精细治理、坚持互联网思维四个方面。戴冰洁、卢福营[⑦]（2014）对浙江省武义县后陈村首创的村务监督委员会制度进行了研究，一致认为这是解决农村基层社会治理的权力失控、失范及其导致的治理危机所做的一项制度创新。一些学者以南京市六合区“赵

---

① 曾庆华，陈成鑫．大数据时代社会治理的创新发展路径［J］．人民论坛，2018（16）：64-65.

② 陈潭．大数据驱动社会治理的创新转向［J］．行政论坛，2016，23（6）：1-5.

③ 郑志来．基于大数据视角的社会治理模式创新［J］．电子政务，2016（9）：55-60.

④ 戴鸿．推进基层社会治理创新［J］．中共福建省委党校学报，2014（8）：42-45.

⑤ 李万钧．关于创新基层社会治理的实践与思考［J］．理论视野，2017（9）：54-60.

⑥ 杨宜勇．福田模式的四个特点［J］．人民论坛，2016（3）：85.

⑦ 戴冰洁，卢福营．农村基层社会治理的权力调控模式创新——写在后陈村村务监督委员会诞生十周年之际［J］．浙江社会科学，2014（6）：80-86+157-158.

坝农民议会”、广西宜州区在探索村民自治有效实现形式中推行的以“党领民办，群众自治”为核心的“党群理事会”为例研究了农村基层治理的新型组织载体和基层自治方式。杜永红[①]（2017）探索了“互联网+”农村社会治理创新模式，提出应集成集电子政务、社会治理、公共服务于一体的智慧乡村社会治理创新云平台。另有一些学者则以当前社区治理创新经验为研究对象，总结了当前值得借鉴的社区治理创新模式，如：张凯兰[②]（2014）以长沙市城区为例研究了基层社会治理创新中的网格化管理服务；毛立红以北京市西城区“全响应”社会服务管理体系为例探讨了基层社会治理创新的经验、局限与前瞻；张舜禹（2016）总结了吉林省城市基层社会管理组织在以维护社会稳定为出发点的社会治理创新中的实践经验。李利文、申彬、彭勃[③]（2016）以上海市 XH 区物业管理深化改革为例，分析了城市基层治理创新中的“认知内卷化”；刘成良[④]（2016）研究了南京市社区治理创新中的基层社会治理行政动员与社会动员双层动员结构；章荣君[⑤]（2017）研究了江苏基层社会治理创新中出现的契约治理模式、协商治理模式以及微治理模式，认为这些治理模式也能够运用于其他社会矛盾的预防和化解中；王江伟[⑥]（2017）基于“中国社区治理创新成果”的多案例分析对中国社区治理创新的特征、动因与绩效进行了研究；王诗宗、吴妍[⑦]（2017）研究了城镇化背景下杭州市余杭区街道民主

① 杜永红．“互联网+”农村社会治理创新发展对策［J］．江苏农业科学，2017，45（8）：338-341.

② 张凯兰．社会治理创新中网格化管理服务的基层实践与思考——以长沙市城区为例［J］．中共四川省委党校学报，2014（2）：67-71.

③ 李利文，申彬，彭勃．城市基层治理创新中的“认知内卷化”——以上海 XH 区物业管理深化改革为例［J］．社会科学研究，2016（2）：39-51.

④ 刘成良．行政动员与社会动员：基层社会治理的双层动员结构——基于南京市社区治理创新的实证研究［J］．南京农业大学学报（社会科学版），2016，16（3）：137-145+160.

⑤ 章荣君．社会治理创新化解基层社会矛盾的模式分析——基于江苏三个典型案例的现实考察［J］．湖湘论坛，2017，30（6）：114-119.

⑥ 王江伟．中国社区治理创新的特征、动因与绩效——基于“中国社区治理创新成果”的多案例分析［J］．求实，2017（12）：61-73.

⑦ 王诗宗，吴妍．城镇化背景下的基层社会治理创新——杭州市余杭区街道民主协商议事会议制度分析［J］．北京行政学院学报，2017（4）：35-40.

协商议事会议制度，认为该创新可为我国新型城镇化过程中的基层治理提供参考和借鉴；詹国彬[①]（2017）以宁波市北仑区“三位一体”治理模式作为个案，围绕治理结构转换、权力互动与基层社会治理创新之间的关系考察这一模式的运作机理与实践成效。还有部分学者探讨了基层党建与社会治理创新的关系，如：黄意武、李露（2017）研究了城市基层党建与社会治理创新的互动关系；侯琳琳、林晶（2017），张波（2018），孙涛（2018），钟宪章（2016），郑余良（2015）等分别从不同角度探讨了基层党建引领社会治理创新的路径选择；尹杰钦、甘信芝、黎力（2016）则分析了农村基层党组织社会治理创新面临的挑战及其归因。一些学者围绕基层社会治理机制创新进行了研究，如：胡晓明、高荣[②]（2015）研究了基层社会治理中公民参与机制创新；成洪波、徐选国、徐永祥[③]（2018）研究了东莞市横镇社会工作参与基层社会治理的机制创新，并指出“政社分工与团结”这种机制可改变地方政府和社会工作力量之间原有的二元性关系，进一步促成互构共生的二重性治理关系格局；李德（2016）研究了基层社会治理的碎片化问题，指出创新基层社会治理运行机制应探索整体性治理；卢宪英[④]（2018）对紧密利益共同体自治进行了研究，认为其可能会成为基层社区居民自治的另一更优路径，应以紧密利益共同体自治为基本形式，构建多层次治理体系。

（五）边疆民族地区社会治理创新研究

关于边疆民族地区社会治理的研究非常少，由于边疆民族地区本身的特殊性与公共服务的多层次需求，实现边疆民族地区的社会治理创新已经成为我国社会治理面临的一项重大而紧迫的任务，部分学者围绕边疆民族

---

① 詹国彬．结构转换、权力互动与基层社会治理创新——以宁波市北仑区“三位一体”模式为个案的分析［J］．经济社会体制比较，2017（2）：167-177.

② 胡晓明，高荣．基层社会治理中公民参与机制创新［J］．人民论坛，2015（32）：34-36.

③ 成洪波，徐选国，徐永祥．社会工作参与基层社会治理的机制创新及其实践逻辑——基于东莞市横镇的经验研究［J］．福建论坛（人文社会科学版），2018（7）：126-135.

④ 卢宪英．紧密利益共同体自治：基层社区治理的另一种思路——来自 H 省移民新村社会治理机制创新效果的启示［J］．中国农村观察，2018（6）：62-72.

地区社会治理创新相关议题展开了研究。吴福环[①]（2014）系统研究了当前边疆民族地区的基本情况和面临困境，并从八个方面探讨了创新边疆民族地区社会治理的建议。张伟[②]（2018）分析了当前我国少数民族地区社会治理的影响因素及相关问题，进一步提出了我国少数民族地区社会治理的创新发展路径。黄增镇（2015）、周奕（2016）均基于社会资本视角对民族地区社会治理创新相关问题进行了研究，认为民族地区社会资本丰富且社会控制力强，通过创新社会治理模式，合理利用社会资本，有效参与民族地区社会治理能提升社会治理效能。和思鹏[③]（2016）以“国家—社会”为研究视阈，对民族地区基层治理的实践向度进行了研究，认为多元治理主体应遵循其内在治理逻辑，在治理职能边界内开展协商、协同、协作治理活动。吴开松、杨芳[④]（2014）针对边疆地区第三方组织在组织形式、运作流程、组织绩效等多方面形式的创新性做了描述和展望。肖应明[⑤]（2015）认为民族地区创新社会治理作为国家治理体系的重要组成部分，其理论价值和实践意义需要在“四个全面”战略布局的引领下，关注民族地区与国家的协同发展，主动融入国家治理体系，形成民族地区社会治理常态化运行机制和动力因素。羌洲[⑥]（2014）基于社会风险的测度对以民众敏感度、经济发展和转变成本为维度的民族地区社会治理体系进行了研究。另一部分学者对当前边疆民族地区社会治理的创新实践经验进行

① 吴福环．论中国边疆民族地区社会治理创新［J］．新疆师范大学学报（哲学社会科学版），2014，35（5）：2+29-35.

② 张伟．我国少数民族地区社会治理的创新发展路径研究［J］．贵州民族研究，2018，39（4）：23-26.

③ 和思鹏．“国家—社会”视阈中民族地区社会治理现代化研究——历史逻辑、边界重构与机制创新［J］．贵州民族研究，2016，37（10）：56-60.

④ 吴开松，杨芳．社会组织在西部民族地区社会治理创新中的价值研究［J］．贵州民族研究，2014，35（9）：9-12.

⑤ 肖应明．“四个全面”蕴涵的治理理论前沿与现实关照——兼及民族地区创新社会治理路径探析［J］．云南社会科学，2015（5）：12-17.

⑥ 羌洲．我国少数民族地区社会治理体系创新探析：基于社会风险的测度［J］．西北民族研究，2014（2）：157+187-194.

了研究，如：韩勇、李波①（2016）从协同治理视角下研究了广西社会治理的民生保障、公共安全等实践创新，并针对其存在的理念、利益、机制和环境等问题提出了对策建议。曾宇航②（2018）以贵州省台江县的农村社会治理创新为例，研究了结合脱贫攻坚，以党建扶贫和“十户一体”作为载体的农村社会治理创新机制；冉昊③（2017）对西藏社会治理的三个创新点——网格化治理、双联户制度、驻村干部制度进行了研究；王世卿、王尚坤④（2018）分析了新疆暴恐犯罪高发的深层次原因，并针对上述原因研究了新疆暴恐犯罪的基层社会治理创新；邓娟⑤（2015）从社会治理视角出发，对农村社会治理主体——农民群体的理性状况进行实证分析，认为当前农民理性呈现出生存理性是基本准则、经济理性遭遇困境、价值理性逐渐生成的状态，基于此，提出了农村基层社会治理创新的方向。上述研究成果为本课题以边疆地区社会治理方式创新视角研究流动公共服务提供了较为丰富的实践依据。

三、研究述评

综观国外文献，如果说有一个线索贯穿始终的话，那么这个线索必是“民主”无疑。而在以民主为先决条件的情况下，公共服务围绕公平和效率展开争论。从最早的“公地悲剧”来看，“搭便车”现象便成为公共服务不公平的代名词，故而早期的公共服务围绕“公平”这一概念进行讨论。而随着新公共管理理论的出现，公共服务创新逐渐以效率为导向，而忽略了民主和公平。新公共服务理论则再一次将民主置于政府部门目标的核心位置，随后的治理理论则在民主的基础上增加了多元主体的元素。可

① 韩勇，李波．边疆民族地区社会治理的创新实践［J］．开放导报，2016（1）：110-112.

② 曾宇航．民族地区基层社会治理创新的实践与探索——以贵州省台江县为例［J］．中国行政管理，2018（10）：148-150.

③ 冉昊．西藏基层社会治理的创新、问题与对策［J］．科学社会主义，2017（3）：97-101.

④ 王世卿，王尚坤．新疆暴恐犯罪的基层社会治理创新研究［J］．山东警察学院学报，2018，30（4）：119-123.

⑤ 邓娟．农民理性与民族地区农村社会治理创新——以喀什地区英吉沙县S村为例［J］．新疆大学学报（哲学·人文社会科学版），2015，43（3）：37-41.

以看出，国外的公共服务创新经典理论主要将视角集中于民主价值的实现，而现代的公共服务创新理论则在考虑民主价值的基础上，再次将企业管理的创新做法引入公共服务创新中。而且，受到治理理论的启发，国外的公共服务创新研究多集中于如何构建一种包含多元主体的公共服务创新体系，多元主体通过共享资源和信息来进行公共服务的创新。从国外的研究中不难看出，公共服务创新的研究多将视野集中于民主的实现和技术层面的公共服务创新，更加注重从理念和制度上来研究公共服务创新，而很少关注公共服务的政策创新和供给手段创新等实践性的内容。

我国的研究则更多关注作为因变量的公共服务创新会受到哪些自变量的影响，以及作为自变量的公共服务创新会对哪些因变量造成影响。首先，许多研究集中关注影响公共服务创新的因素，例如技术的革新、公民的多层次需求、治理理论的出现等。其次，其他研究者试图探讨公共服务创新对哪些事物产生了影响，例如公共服务政策目标、政府管理理念、公共服务提供手段等。从这些研究不难看出我国对公共服务创新的研究更加倾向于将其置于一个现实环境下来研究与公共服务创新的相关内容。

当前，关于公共服务创新和社会治理创新的研究多将视野集中于城市地区和发达地区，对边疆民族地区及落后地区的研究仍然较为缺乏。与其他地区不同的是，边疆民族地区的社会结构、人口结构、经济结构都有一定的特殊性。常住人口民族成分的复杂性、人口低龄化和老龄化的加剧、经济发展基础的落后性以及边疆民族地区的职能多样性导致公共服务和社会治理创新需要一定的匹配性。与其他地区的研究不同，边疆民族地区的公共服务和社会治理创新更多地体现出源于实践、理论反哺的特征，因此对边疆民族地区的相关研究，更应将这些特殊性考虑在内。而且，目前关于边疆民族地区的社会治理创新及公共服务研究多以某一实践做法或地方案例作为研究对象，虽得到了一些有益的经验，但这些经验和借鉴受制于少数民族地区的民族成分、社会现实的不同可能缺乏一定的普适性。当前研究应归纳和提出边疆民族地区内具有一定普适性的公共服务和社会治理创新经验及实践做法，尽量从顶层设计出发，以便不同的地方政府结合自身实际加以改进。

上述研究为公共服务及社会治理创新提供了许多真知灼见，多元主体参与的公共服务供给、民主价值的体现、其他领域服务创新经验的吸收等都为我们研究公共服务创新提供了良好的土壤。但无论是国外研究还是国内研究，对于公共服务创新的研究均限制于一时一地，很少有横向、纵向的比较研究。从横向来看，国内地区之间的公共服务创新缺乏对比，研究多将视野集中于公共服务能力较强的地区，而很少关注民族边疆地区和落后地区。以“一站式”服务为例，作为一种公共服务创新的实践支撑，其在发达地区发挥了巨大的作用。而在居住分散、经济落后的地区，“一站式”服务就失去了作用。从纵向来看，很少有研究将不同时间背景下不同的公共服务创新整合起来，形成纵向的比较分析。纵向的比较分析有助于厘清公共服务创新的时代特征与内在演化特征，从而帮助公共服务提供主体更好地把握公共服务创新的发展规律，这也正是当前研究缺乏的。最后，研究者对公共服务创新的研究多集中于“高大上”的顶层设计，而很少有关于具体公共服务创新方式的“接地气”的研究。研究者更倾向于探讨公共服务怎样创新、如何建立服务创新体系，而很少关注到地方政府的一些公共服务创新做法。诸如流动公共服务等公共服务创新供给方式，不仅能在边疆民族地区发挥重要的作用，如果能找到一些普适性的做法或是创新举措，则可以让其推广到更多地区。

第三节　研究方法

一、类型学分析

类型学分析是质性研究领域内常用的一种方法，多用于建筑学、心理学、教育学、公共管理学、法学领域，在自然科学领域也有一定涉及。类型学分析是指区分并描述事物的不同类型的理论，通过类型学分析可以清晰地将事物归类并认识其特点。类型学分析首先要确定分类的维度，在此基础上划分并定义类型，然后描述该事物的特征，并将这些类型划分应用于实际观察，或者用实际观察结果检验这种类型的划分。类型学分析分为三种标准，分别为单维、双维和多维。单维的类型学分析依靠一个维度，将事物划分为极端的两类，例如“民族”和“专制”。但单维类型只能简单地划分维度，很难将事物的所有特征考虑在内。二维的类型学分析是将一个平面利用两个维度进行交叉形成的四种类型，对事物特征的归纳更加丰富明确，如果在平面上再增加两个维度，则可以形成“四面八方”的类型模型，例如荣格的性格类型。但是在二维类型学理论的框架下，很难考虑时空的影响对事物带来的变化。多维的类型学分析并不常见，因为一旦维度过多会造成认识困难，事物的特征划分过细会造成差异缩小化。在多维的类型学分析框架下，一般以三维为限度，三维以上的划分会造成认识的困难。本书采用的是二维类型学分析方法。目前，在国内已经有大量基于类型学分析的公共管理期刊论文、学位论文等。

二、文本挖掘法

文本挖掘法是计算机科学与社会科学完美融合的结果，是计算社会科学领域内重要的研究方法之一，在应急管理、文学、新闻学等领域均有使用。文本挖掘法是指通过计算机技术对文本的表示及特征进行选取从而挖掘出有效的信息。通过文本挖掘，大量非结构化的文本数据可以被快速整理和分析，从而发现一定的特征和规律。较为常见的文本挖掘方法有：文本分类、文本聚类、信息抽取、摘要、压缩等。本书主要采用文本挖掘法对各类流动公共服务的做法和实践进行分词和词频统计，从而快速地从几十个地方政府的做法中寻找到某一类流动公共服务的具体做法和包含的职能。同时，本书根据文本分析的结果制作了一些可视化的图表以供参考。

三、文献分析法

文献分析法是指通过对收集到的某方面的文献资料进行研究，以探明研究对象的性质和状况，并从中引出自己观点的分析方法。它能帮助调查研究者形成关于研究对象的一般印象，有利于对研究对象作历史的动态把握。本书采用文献分析法对流动公共服务现有的文献进行梳理，从而总结出其研究特点和脉络，在这些总结的基础上进行下一步研究。

第四节　创新及不足之处

一、创新之处

第一，本研究从学术层面首次提出流动公共服务研究假设并进行系统论证，提炼流动公共服务的创新理念，构建流动公共服务运行机制和理论框架。

第二，本研究将流动公共服务置于党的十八届三中全会和十九大提出的“创新社会治理”视角下进行研究，为创新社会治理探寻一种有效的治理方式，尤其是对于祖国边疆地区而言，其理论意义和实践价值都具有开创性。

第三，本研究对流动公共服务的普适性进行了论证。

第四，本研究对流动公共服务的体系进行了完善。目前，学界对于流动公共服务的文献多基于对“流动公共服务”这一概念本身的阐述，对流动公共服务的理论体系没有进行构建，而从政府管理的角度而言，许多地方政府出台了关于某一类流动公共服务的文件，然而却没有提出“流动公共服务”这一宏观概念。基于此，本研究通过道格拉斯·诺斯的制度层次分析来对流动公共服务的理论体系进行构建，从而让流动公共服务的概念更加丰满。

第五，本研究对现有的流动公共服务实践进行了二维类型学分析，从而概括了流动公共服务的基本特征。目前流动公共服务在不同公共服务领域内有不同的实践经验和做法，甚至不同地方政府的流动公共服务供给方式也不尽相同。为了厘清流动公共服务的特征，弄清楚流动公共服务的本质，本研究构建了类型学框架将现有的流动公共服务实践囊括在内。

第六，本研究通过文本挖掘的技术来寻找和分析有关流动公共服务的案例。首先，通过网络爬虫，本研究能够快速且尽量全面地查找到关于流动公共服务的做法；其次，通过文本挖掘，对不同类型流动公共服务的政府职能和资源整合的情况可以有一个直观的了解。

二、不足之处

本书对流动公共服务的类型分析虽然基于大量的案例，但仍然有许多地区的流动公共服务做法没有被收集到抑或其本身没有任何宣传报道，所以本书只能在目前已公开的案例基础上进行流动公共服务的类型学分析。另外，限制于研究难度，流动公共服务的类型学框架采用的是二维维度，没有将时空维度作为分析维度，所以只能探讨在一定时间节点内的流动公共服务特征，不能对流动公共服务在不同时期的不同做法、不同特征以及流动公共服务在全国的发展情况进行研究。

第五节　研究内容

从研究前期的文献及资料情况来看，目前对于流动公共服务的研究存在两点问题：一是流动公共服务的学术研究尚处于概念提出和现象归纳的阶段；二是目前地方政府流动公共服务的实践百花齐放，但却没有总结出一般规律。

因此，本书的研究内容主要有四点：一是流动公共服务的类型学矩阵模型构建。首先要针对流动公共服务类型学模型进行维度划分，划分的两大维度尽量将现有流动公共服务包含在四种类型下，从而构建出类型矩阵。其次在构建了流动公共服务的类型矩阵模型后，可通过两个维度大致将现有的流动公共服务划分为四种类型。本书将通过分析每种类型下的流动公共服务案例，以进行比较分析，从而概括出不同类型的特征、供给流程及适用范围，从而为不同情境下流动公共服务供给方式的选择提供参考。

二是对流动公共服务进行体系构建。流动公共服务体系的构建参照了公共服务体系的概念，其主要是指以政府为主导、以社会团体和私人机构等为补充的供给主体，以为公民及其组织提供基本而有保障的流动公共服务为主要目的而研究建立的一系列有关服务内容、服务形式、服务机制、服务政策等的制度安排。流动公共服务体系要从三个层面进行构建。本书参考了道格拉斯·诺斯的制度三层次模型进行流动公共服务体系的构建，从“理念驱动、制度设计（基本制度）、行为方式”三个层面去解析流动公共服务的概念。理念驱动层指的是流动公共服务这一供给方式所体现出不同供给主体的理念及精神；制度设计主要针对流动公共服务的供给主体、供给对象、服务供给领域和适用范围三个方面进行阐述；行为方式层主要针对流动公共服务的具体供给手段和评估及监管等方面进行研究（见图 0–5）。

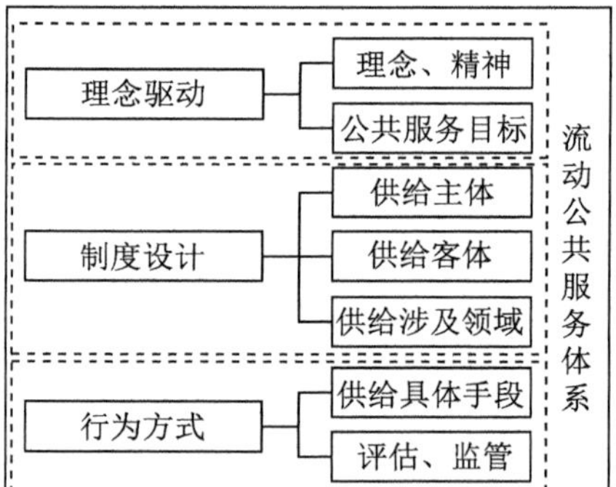

图 0–5　流动公共服务体系①

以上的两个研究内容存在一定的逻辑关联。首先，本书旨在通过类型学分析建立起流动公共服务话语体系。类型学分析通过四大类型的划分，从不同角度展示了流动公共服务的主体、对象、服务内容、供给手段

① 杨立华，常多粉，张柳．制度文本分析框架及制度绩效的文本影响因素研究：基于 47 个大气污染治理法规政策的内容分析［J］．行政论坛，2018，25（1）：96–106.

和范围以及监督评价等方面的要素，从而为流动公共服务的体系三层次构建填充要素。其次，流动公共服务的体系构建进一步增进了流动公共服务类型分析模型的立体性和科学性。流动公共服务的类型学体系分析建立在流动公共服务的实践基础上，是对现实经验的提炼和总结。只有将其置于流动公共服务体系中，才能进一步验证其合理性。而且，流动公共服务体系构建后，相关要素的填充也为类型学的分析提供了新的视角和方向。

三是本书对流动公共服务这一创新供给方式进行了详尽的分类介绍。通过不同类型的流动公共服务案例分析，本书对当前流动公共服务的供给模式进行了详尽的分析和梳理，并针对每种类型提炼了相应的经验。

四是本书针对构建的类型学框架以及流动公共服务未来发展的方向提供了一些建议和对策。

第一章　流动公共服务：相关概念及理论基础

作为一种公共服务供给的创新方式，流动公共服务的出现有着一定的实践背景，也有着一定的理论延续性。本章对流动公共服务的一些相关概念以及理论进行梳理，从而厘清流动公共服务的理论渊源。

第一节　流动公共服务的相关概念

一、公共服务

法国学者莱昂·狄骥最早在1912年从公共服务所具备的特征和提供主体的角度将公共服务定义为“凡是由政府对其进行规范和控制的行为”①。随着“公共产品”概念的提出，经济学家又从产品的角度将公共服务定义为社会广大群体有着共同需求，性质相同并且具有共用性质的产品。目前，国内外学者对公共服务的概念尚未形成完全统一的认识，学界认为公共服务一般包括广义和狭义两个概念。广义上按照公共服务最根本的属性即公共性，将以政府为主的公共部门所做的具备公共性的事项都视作公共服务。但是2006年党的十六届六中全会通过的《中共中央关于构建社会主义和谐社会若干重大问题的决定》中明确指出，“建设服务型政府，强

① 莱昂·狄骥．公法的变迁：法律与国家［M］．郑戈，冷静，译．沈阳：春风文艺出版社，1999：53.

化社会管理和公共服务职能”，其中公共服务具体指公共设施的建设、社会保障、公共文化、公共卫生事业等，这些都属于狭义的公共服务，因此国内对于公共服务的研究一般将其界定在一定范围内。

公共服务按照公共物品的特征，可分为纯公共服务和准公共服务。纯公共服务具有非竞争性和非排他性，包括国防、基础设施、义务教育等。准公共服务则是具备非竞争性和非排他性中的一个特征。此外，公共服务自身具备普惠性、公平性和动态性。① 普惠性是指公共服务是公共部门向全社会成员提供的，是广泛对应而不是只针对某一类群体。公平性是指以政府为代表的公共部门在公共服务供给的过程中要以公平为第一准则，所有社会公民平等地享有相同的公共服务。动态性是指公共服务供给的内容、范围、具体形式等都是灵活且变化的，随着时间的推移、地域的不同而有所不同。本书所指的流动公共服务便是公共服务动态性的具体体现，通过创新公共服务的供给形式，根据边疆民族地区的自然特点让公共服务的供给流动起来。如内蒙古呼伦贝尔地区的“草原 110”“乌兰牧骑”以及其他地区多种形式的公共服务体现出一个共同的理念特征：上门服务。各级地方政府职能部门虽然承担着经济、社会、文化、政治职能，但服务形式比较固定。当公民产生需求时便会主动寻求服务，而流动公共服务的出现则体现出政府管理理念的转变：主动意识逐步增强，服务导向、需求导向日益明显。

二、公共服务创新

公共服务的动态性决定了公共服务供给过程是不断变化和创新的，改革开放四十年来我国公共服务一直在创新，② 具体表现为：由先前政府作为单一主体在公共服务供给方面大包大揽，转向多元主体如社会组织、公民、企业共同参与；供给模式由以城市公共服务为主转向城乡均衡发展；

---

① 马庆钰．公共服务的几个基本理论问题［J］．中共中央党校学报，2001（1）：58-64.

② 孙晓莉．政府公共服务创新：类型、动力机制及创新失败［J］．中国行政管理，2011（7）：47-50.

公共服务的内容和范围也在不断进行调整。① 随着我国城镇化、信息化、现代化水平的提高，公共服务的创新更多地体现在供给形式和供给方法方面的创新。比如引进西方的标杆管理、全面质量管理等管理方法到公共服务领域，以此实现了公共服务的标准化、规范化和制度化。②

流动公共服务便是为弥补现有公共服务在边疆民族地区供给不便的现象所进行的创新。现有的公共服务供给总是将服务限制在固定的时间、地点内，由于地广人稀、交通不便等，一些贫困群体很难享受到公平可及的公共服务，为了让他们也享受到均等的公共服务，公共部门创新了在上述地区的公共服务供给形式，让公共部门“上门服务”，包括安全、文化、法律、医疗等多项公共服务。

三、流动公共服务

从20世纪90年代开始，我国的地方政府陆续开展了流动公共服务的相关实践，逐渐延伸出了诸如“乌兰牧骑”（流动文化服务）、“草原110”（流动安全服务）、“驻点律师”（流动法律服务）等关于流动公共服务的供给领域与概念，但顶层设计中的流动公共服务宏观概念仍未得到阐明。而关于流动公共服务的相关学术研究最早出现在2006年，从最早的文化服务开始，随后对其的研究扩展到各个领域。根据地方政府的实践、相关的学术研究成果，流动公共服务被定义为：“针对公共服务需求和供给的客观情况而依托不同载体，让公共部门主动上门为服务对象提供公共服务的一种方式。”③ 而本书在学术界现有研究的基础上结合相关资料认为，流动公共服务是指：为了满足不便于直接享受公共服务的地区和群体的公共服务需求溢出，以政府部门、社会组织和市场为首要主体，以直接提供与购

---

① 孙晓莉．政府公共服务创新：类型、动力机制及创新失败［J］．中国行政管理，2011（7）：47-50.

② 杨梅．中国地方政府公共服务标准化探索与思考［J］．北京行政学院学报，2012（3）：30-34.

③ 刘银喜，任梅．流动公共服务：公共服务供给方式创新——概念提出、逻辑起点及创新价值［J］．中国行政管理，2015（8）：83-87.

买服务为方式整合服务内容与资源，通过主动上门的方式提供公共服务的一种供给模式。可以说，流动公共服务发端于公民的公共服务需求，并成为社会治理创新的重要一环，不仅体现了政府的服务理念变革，同时也具有较强的普适性与推广价值。

第二节　流动公共服务的理论基础

一、新时代社会治理理论

习近平总书记指出:“社会治理是一门科学。”治理理论肇始于西方，西方的“治理”（Governance）概念原为控制、引导和操纵之意。20世纪末，西方学者赋予“治理”以新的含义，主张政府放权和向社会授权，实现多主体、多中心治理等政治和治理多元化，强调弱化政治权力，甚至去除政治权威，期望实现政府与社会多元共治、社会的多元自治。基于此，王浦劬教授认为：“在今天的西方学术话语语境中，‘治理’一词主要意味着政府分权和社会自治。”20世纪90年代末以来，国内学术界逐渐兴起了对治理理论和实践的研究，然而，随着研究向纵深发展，西方治理理论与中国本土社会治理实践的错位现象日益凸显。“国家发展和治理的实践表明，治理理论只有在本土化的基础上才能实现理想的重塑。”时代呼唤治理理论的中国化，中国共产党依据世情党情国情社情，以马克思主义国家理论为逻辑起点，结合我国国家治理与社会治理的理论发展和实践经验，不断开创中国特色社会主义社会治理理论的新进展，特别是党的十八大以来以习近平同志为核心的党中央提出了一系列关于社会治理的新观点和新论断，这些理论创新为我国社会治理实践的全面发展进步指引了方向。

（一）中国特色社会主义社会治理理论的演进逻辑

中国特色社会主义社会治理理论的发展演进过程既源于我国社会治理

实践发展变化的现实需要，也源于中国共产党对包括社会治理在内的治国理政规律探索的高度自觉。新中国成立 70 年来，我国的社会治理理论发展大致经历了以下几个阶段：

1. 从政治管控转向社会管控

新中国成立到改革开放前，在这段特殊的历史时期，面对社会主义政权建设的繁重任务，加之党对社会主义建设规律的认识偏差，使得我国长期处于“抓革命、促生产”的以阶级斗争为纲的历史阶段，实行的是政社合一的政治管控体制，全能型政府的国家政治权力渗透社会的各个角落。党的十一届三中全会开启了“以经济建设为中心”的新时期，实现了党和国家工作重心的全面转移。虽然改革开放之初仍然存在“计划经济体制与管控型社会管理体制”的痕迹，但是社会主义市场经济体制改革的逐步深入推动了政治体制改革长足进步，带来了社会转型，“社会逐渐从国家政治体制中相对独立出来”，城市居民委员会与农村村民委员会的基层社会组织不断成为社会管理的主体形式，我国的社会治理进入“国家—社会”二元结构的“社会管控阶段”。这一历史阶段的突出特色是彻底廓清了社会主义本质理论，确立了社会主义初级阶段的发展战略、奋斗目标和社会主义市场经济机制，为我国社会治理理论与社会改革发展奠定了坚实的政治制度基础。

2. 从社会管控走向社会管理

1998 年的新一轮政府机构改革使我国的社会治理理论迈出了跨越性的一步，进入“社会管理”新阶段。在 1998 年的《关于国务院机构改革方案的说明》中指出，“政府的基本职能在于宏观调控、社会管理和公共服务”，“社会管理”这一概念首次被提出且写入政府文件中。从 2004 年开始，“社会管理”作为社会建设的重要内容，成为党和国家治国理政的重大战略部署的顶层设计范畴。党的十六届四中全会上首次提出要“建立健全党委领导、政府负责、社会协同、公众参与的社会管理格局”。2007 年，党的十七大报告提出要“健全党委领导、政府负责、社会协同、公众参与的社会管理格局，健全基层社会管理体制”。2010 年制定颁布了《全国社会管理创新综合试点指导意见》。2012 年，党的十八大提出要“全面落实经济建设、政治建设、文化建设、社会建设、生态文明建设五位一体总布局”，强调要在改善民生和创新管理中加强社会建设。可见，这一历史阶段凸显了社会管理创新的顶层设计与全面社会管理实践探索的双向互动格局，为社会治理新阶段的到来铺平了道路。党的十八大以来，面对国内外政治、经济、社会发展的新形势、新任务、新要求，习近平总书记提出了一系列加强和创新社会治理的新思想、新观点、新论断，是近年来中国社会治理领域最为重要的创新性进展与创新性成果。其中，人民中心论、民生为本论、法德共治论等系统理论既是立足于当今社会实践所提出的理论凝练和升华，更是推动社会领域改革发展、推进社会治理现代化的强大思想武器和行动指南。

3. 从社会管理迈向社会治理

党的十八大以来，真正现代意义上的社会治理得以确立和扎实推进。2013 年，党的十八届三中全会在《中共中央关于全面深化改革若干重大问题的决定》中提出了全面社会改革的总目标是要实现国家治理体系与治理能力的现代化，以此为统领进一步指出要“加快形成科学有效的社会治理体制，确保社会既充满活力又和谐有序”。2014 年，党的十八届四中全会提出要“坚持系统治理、依法治理、综合治理、源头治理，提高社会治理法治化水平”。党的十八届五中全会提出要“加强和创新社会治理，建设平安中国，完善党委领导、政府主导、社会协同、公众参与、法治保障的社会治理体制，推进社会治理精细化，构建全民共建共享的社会治理格局”。学界对党的十八大以来中国社会治理理论与实践研究也不断向纵深推进，成果丰硕，比较有代表性的观点是魏礼群概括的习近平总书记关于社会理论重要论述的十个方面：“人民中心论”“民生为本论”“公平正义论”“法德共治论”“体制创新论”“不忘本来论”“群众工作论”“基层重心论”“总体安全论”“党的领导论”。这一阶段社会治理理论发展的突出特色是社会治理学术研究空前繁荣，国家与社会治理的目标原则、体制机制、路径措施等整体性顶层设计基本形成，基层社会治理创新实践深入推进。

（二）新时代社会主要矛盾转变对社会治理创新的基本要求

新时代孕育新使命，新矛盾呼唤新治理。党的十九大对我国新时代社会主要矛盾做出了全新判断：“中国特色社会主义进入新时代，我国社会主要矛盾已经转化为人民日益增长的美好生活需要和不平衡不充分的发展之间的矛盾。我国稳定解决了十几亿人的温饱问题，总体上实现小康，不久将全面建成小康社会，人民美好生活需要日益广泛，不仅对物质文化生活提出了更好要求，而且在民主、法治、公平、正义、安全、环境等方面的要求日益增长。”提升人民对美好生活需要的满足程度在根本意义上有赖于加强和创新社会治理，新时代社会治理的使命与挑战只会更加艰巨，“民生领域还有不少短板，脱贫攻坚任务艰巨，城乡区域发展和收入分配差距依然较大，群众在就业、教育、医疗、居住、养老等方面面临不少难题；社会文明水平尚需提高；社会矛盾和问题交织叠加，全面依法治国任务依然繁重，国家治理体系和治理能力有待加强”。

因此，党的十九大报告进一步指出，要“提高保障和改善民生水平，加强和创新社会治理”，“坚持人人尽责、人人享有，坚守底线、突出重点、完善制度、引导预期，完善公共服务体系，保障群众基本生活，不断满足人民日益增长的美好生活需要，不断促进社会公平正义，形成有效的社会治理、良好的社会秩序，使人民获得感、幸福感、安全感更加充实、更有保障、更可持续”，“加强社会治理制度建设，完善党委领导、政府负责、社会协同、公众参与、法治保障的社会治理体制，提高社会治理社会化、法治化、智能化、专业化水平”，“打造共建共治共享的社会治理格局”。这些重大新论断为新时代我国社会治理理论发展、社会治理体系完善和社会治理实践进步指明了方向。

基于此，有学者指出：党的十九大之后，新时代中国特色社会主义社会治理体系将朝着“社会治理体制机制更加完善、社会治理的理念原则更加优化、社会治理的方式方法更加科学、社会治理的重点任务更具时代性”的方向发展与完善。

（三）中国特色社会主义社会治理理论的内涵体系

理论源于实践，又指导实践。中国特色社会治理理论立足我国社会治理实践的现实需要，逐步科学地回答了为谁治理？谁来治理？依靠什么方式方法来治理？中国特色社会主义社会治理理论的科学内涵体系初步形成，并不断向前发展。

1. 坚持党的领导是社会治理创新的根本原则

中国社会治理创新必须始终坚持党的领导的根本原则，这是由中国共产党的性质和执政地位所决定的。中国共产党是中国工人阶级的先锋队，同时是中国人民和中华民族的先锋队，是中国特色社会主义事业的领导核心。中国社会治理创新作为中国特色社会主义伟大事业的重要组成部分，必然要始终坚持中国共产党的领导，党的十九大强调要“坚持党对一切工作的领导”。有学者指出：“社会治理创新决不能虚化、弱化，更不能离开党的领导。”党的领导是加强和创新社会治理、实现社会治理体系和治理能力现代化的组织保障。从中国社会治理实践来看，党的十八大以来的社会治理创新发展从根本上得益于党对社会治理体制的顶层设计与坚强的领导力推动。在新时代的诸多社会治理主体中，党的领导始终居于核心地位，但不是包办一切。“党的领导首先是确保正确的政治方向，不能偏离中国特色社会主义道路”，使社会治理服从和服务于国家治理体系和治理能力现代化的总体目标；“其次是谋大局、定政策，定期研判形势、分析问题、寻找思路、提供支持；最后是统揽全局、协调各方、有效整合各种力量和资源，搭建多方参与的平台”，界定清晰党委、政府、社会组织、公民个人等各自在社会治理中的职责权限，理顺各方关系，确保社会治理体系规范有序运行。

2. 以人民为中心的发展观是社会治理创新的思想指南

人民是社会治理创新的动力源泉，是社会治理一切工作的出发点和落脚点。社会治理创新必须坚持以人民为中心，就是始终要以人民的利益为中心，把实现人民幸福放在首位。党的十九大报告指出：“带领人民创造美好生活，是我们党始终不渝的奋斗目标。必须始终把人民利益摆在至高无上的地位，让改革发展成果更多更公平惠及全体人民，朝着实现全体人民共同富裕不断迈进。”马克思主义认为人民是历史的创造者，人民是具体的、历史的，由一个个具体而鲜活，归属于不同阶层，不同利益诉求的人构成。新时代的社会治理创新要坚持以人民为中心的发展思想，就是要始终着力解决人民最关心、最直接、最现实的利益问题。“优先发展教育事业、提高就业质量和人民收入水平、加强社会保障体系建设、坚决打赢扶贫攻坚战、实施健康中国战略、打造共建共治共享的社会治理格局、有效维护国家安全”，要更加关心解决困难人民群众和弱势群体的现实困难，维护他们的合法权益。

3. 多元协同的社会治理体制是核心

社会治理体制是加强和创新社会治理的基础与核心，是打造共建共治共享的社会治理格局的关键环节。党的十九大报告指出：“加强社会治理制度建设，完善党委领导、政府负责、社会协同、公众参与、法治保障的社会治理体制，提高社会治理社会化、法治化、智能化、专业化水平。”进而言之，社会治理体制是“一核”、多元、协同的治理体制。一是要把握清楚社会治理体制是社会治理创新的核心，而党的领导是社会治理体制的核心；二是要构建多元的社会治理体系，理顺治理主体间关系，落实各方治理责任，激发治理活力与动力；三是注重协同治理，党委、政府、社会、公众等各个治理主体要优化治理结构，各归其位、发挥优势、取长补短、协同推进，切实实现共建共治共享的社会治理格局。与党的十八届五中全会相较而言，社会治理体制中的“政府主导”变为“政府负责”，这也是社会治理体制科学化的显著进步，不仅有利于强调政府在社会治理创新中的首要责任，而且有利于推进新时代政府职能转变，防止政府在社会治理中大包大揽、越权代位。

4. 公共服务多元主体是社会治理的主要抓手

政府要履行社会治理的首要责任，从根本上来说就是要不断转变政府职能，切实履行公共服务职责。党的十九大报告指出，要“完善公共服务体系，保障群众基本生活，不断满足人民日益增长的美好生活需要，不断促进社会公平正义，形成有效的社会治理、良好的社会秩序”。其中，基本公共服务是由政府主导、保障全体公民生存和发展基本需要，与经济社会发展水平相适应的公共服务，是公共服务中最基础、最核心的部分，代表了最基本的民生需求，是政府公共服务职能的“底线”。因此，各级政府要以公共服务体系为社会治理的主要抓手，加快形成“政府主导、覆盖城乡、可持续的基本公共服务体系”，要“在幼有所育、学有所教、劳有所得、病有所医、老有所养、住有所居、弱有所扶上不断取得新进展”，努力让人民群众过上更美好更幸福的生活。

5. 激发社会组织活力是社会治理创新的重要依托

社会治理体系与治理能力的现代化离不开健康发展、充满活力的社会组织的有效支撑，社会组织的发育状况在一定程度上成为社会治理水平的标志。城乡社区是我国社会组织的基础性构成，是社会治理的基本单元和重心所在。城乡社区的治理成效事关党和国家各项政策的贯彻落实，事关人民群众现实利益，事关基层社会和谐稳定。党的十九大报告指出，要“加强社区治理体系建设，推动社会治理重心向基层下移，发挥社会组织作用，实现政府治理和社会调节、居民自治良性互动”。习近平总书记指出：“要深入调研治理体制问题，深化拓展网格化管理，尽可能把资源、服务、管理放到基层，使基层有职有权有物，更好为群众提供精准有效的服务和管理。”同时，还要依法大力培育和促进各类社会组织健康发展，夯实社会治理基础。2015 年 7 月，中共中央办公厅、国务院办公厅印发了《行业协会商会与行政机关脱钩总体方案》，明确要求厘清行政机关与行业协会商会的职能边界，加快形成政社分开、权责明确、依法自治的现代社会组织体制。2016 年 8 月，中共中央办公厅、国务院办公厅印发了《关于改革社会组织管理制度促进社会组织健康有序发展的意见》。

6. 坚持法德共治是社会治理创新的基本方式与途径

加强和创新社会治理必须坚持法德共治，这是我们党治国理政、治理社会的基本经验和重要论断。习近平总书记指出：“必须坚持依法治国和以德治国相结合，使法治和德治在国家治理中相互补充、相互促进、相得益彰。”党的十九大报告进一步强调：“坚持法治国家、法治政府、法治社会一体建设，坚持依法治国和以德治国相结合。”党的十八大以来，以全面推进依法治国为契机，中国特色社会主义法治体系日益完备；法治实施体系高效运行，法治监督体系更加严密规范，法治保障体系强大有力，对于厘清社会治理主体各方职责权利关系、推动社会治理法治化发挥了巨大的作用，取得了伟大进步。另外，道德是社会有序运行的隐性制度，与法律一起构成了社会治理的基本规范体系。党的十八大以来，以社会主义核心价值观为核心的社会主义思想道德建设多措并举、持续推进、深入人心，党风政风社风民风不断好转，清风正气逐渐形成；社会诚信体系和诚信制度建设扎实有效，2014 年,《社会信用体系建设规划纲要（2014—2020年）》《关于推进诚信建设制度化的意见》先后出台，2016 年，《关于建立完善守信联合激励和失信联合惩戒制度加快推进社会诚信建设的指导意见》等三个诚信建设的制度性文件先后颁布实施，2017 年，中共中央、国务院印发的《中长期青年发展规划（2016—2025 年）》中将青年诚信建设纳入青年发展事业的总体布局。总之，社会道德建设的发展进步为良善的社会治理秩序奠定了夯实的思想价值根基。

二、服务型政府理论

关于服务型政府的概念、特征及理论，国内学术界没有严格的界定，最早由张康之教授在《限制政府规模的理念》中提出“服务型政府”概念，他从政府职能转变的角度提出，随着时代的发展政府所承担的职能以及履行职能的方式也应当有所转变。

随着西方新公共管理理论、新服务理论等的引入及应用，我国政府应更将主要职责放在提供高时效、高质量的公共服务上。① 2004 年，首次明确将“努力建设服务型政府”作为政府工作的核心目标，2006 年《中共中央关于构建社会主义和谐社会若干重大问题的决定》明确提出，构建社

① 张康之．限制政府规模的理念［J］．行政论坛，2000（8）：7-13.

会主义和谐社会，协调发展，加强社会管理和提供公共服务职能。2015 年通过的《关于推行地方各级政府工作部门权力清单制度的指导意见》，加快了深化行政体制改革的步伐，表明了政府主导职能由经济建设职能转变为公共服务职能的决心。服务型政府将公民视为公共部门的核心回应对象，根据公民具体的需求提供相应公共服务。从政府与公民关系的转变角度定义服务型政府，是以民主理念为基础理论，遵循以公民和社会为核心的指导理念，实质上就是将民主理念引入公共管理领域而演变成公众本位和公众意志在公共管理中居于决定性地位的新的公共管理模式。

（一）服务型政府的内涵和基本特征

服务型政府是指在整个社会民主秩序的框架下，以公民为中心、以社会为基础、以权利为保障的概念框架。通过法定程序，按照公民的意愿，全心全意为人民服务，政府履行服务职能、承担服务责任。服务型政府的基本特征主要体现在法律管理、透明度和权责一致方面。

1. 服务型政府是依法行政的政府

我国传统的行政模式是典型的人治行政，“人情大于法”，“权力大于法”，决策者根据自己的主观经验进行决策和管理，容易导致行政决策失误、效率低下以及错综复杂“关系网”的广泛存在。缺少法律手段作为保障措施，行政权力无法在法律上受到有效的限制和监督。因此，有必要打破人治模式，克服长期以来政府部门存在的重“人治”、轻“法治”的弊端，基于民主和法治建立遵守法律、遵循法律、严格执法的政府。

2. 服务型政府是公开透明的政府

开放性和透明度是现代化服务型政府的重要表现，也是政府有效运作的条件之一。政府的主要职能是服务，同时也需要公民评估公共服务供给过程中的行为。政府的公开性和透明度决定了政府决策的开放性和民主化程度，有利于公民参与决策过程，也有利于公民有效参与评估政府绩效，提高政府的代表能力水平和回应性。公开透明的政府体现在政府信息的公开，意味着行政机关逐渐通过可接受的方式和手段公开其政府运作流程，并开辟有利于公众实现其民主权利的途径，具体表现为允许用户对政府公开信息的使用、查询、阅读、复制、下载等形式。

3. 服务型政府是责任政府

中国是人民当家作主的国家，因此作为受托人和代理人的政府需要对人民负责，服务型政府必须强调政府的权责一致，履行维护公共利益的责任。

（二）服务型政府的目标及内容

1. 服务型政府的目标

党的十八大报告指出："建设职能科学、结构优化、廉洁高效、人民满意的服务型政府。"该论断为政府提供何种服务确立了四个主要标准和四个目标。建设服务型政府标志着我们党对政府改革和自身建设的认识不断深化。它不仅符合世界公共行政发展的趋势，而且符合人民的迫切愿望。随着民主意识、政治参与意识以及法律意识的增强，世界各国人民对政府提出了更高的要求。只有建设服务型政府，才能解决烦琐的行政审批程序、不作为、混乱等问题，不断提高人民的满意度，树立良好的政府形象。

2. 服务型政府的内容

公共服务是与经济调节、市场监管、社会管理相并列的一项政府职能。中国行政管理学会顾问郭济认为："公共服务就是提供公共产品和服务，包括加强城乡公共设施建设，发展社会就业、社会保障服务和科技、教育、文化、卫生、体育等公共事业，发布公共信息等，为公众参与社会经济、政治、文化活动提供保障和创造条件，努力建设服务型政府。"在全面建成小康社会和实现基本现代化要求的基础上，中国未来必须遵循"社会性公共服务支出为主体"的公共服务支出模式、"广覆盖、低水平、兼顾公平与效率"的公共消费服务模式与"多中心治理"的公共服务供给模式。因此，教育公共服务、医疗卫生公共服务、科技发展公共服务和社会保障公共服务成为政府重点的公共服务领域。教育公共服务，政府要提供全民的义务教育，保障适龄儿童能接受义务教育。政府要支持职业教育的发展，保障青年人的就业。政府对高等教育的支持也要调整，对大学提供平等的扶持力度。医疗卫生公共服务，医疗卫生事业关系着广大人民的切身利益，人人享有基本卫生保健服务，人民群众健康水平不断提高，是人民生活质量改善的重要标志，是全面建成小康社会、推进社会主义现代化建设的重要目标。我国医疗卫生公共服务和教育公共服务一样，也存在城乡发展不平衡的情况。农村医疗卫生体系的缺失，使得村民就近看医依然困难，所以需要重新进行资源的公平分配，缩小城乡差距，促进公共服务的均等化。科技发展公共服务，科学技术日益渗透经济建设和社会进步的各个领域，成为生产力中最活跃的因素。中国的发展离不开科学技术的进步，在尖端技术的掌控和创新方面，我国已建立起坚实的基础，走在世界前列。政府应继续加大对高新技术产业的支持力度，资助基础科学研究和重大技术项目攻关，推进关键技术创新，实现科技跨越式发展。社会保障公共服务，社会保障是以国家或政府为主体，依据法律，通过国民收入的再分配，对公民在暂时或永久丧失劳动能力以及出于各种原因而导致生活困难时给予物质帮助，以保障其基本生活的制度。社会保障的本质是追求公平，目标是满足公民基本生活水平的需要。政府为满足社会成员的多层次需要，应相应安排多层次的保障项目。

（三）服务型政府对流动公共服务的启发

1. 加强政府文化制度建设和创新

政府的核心理念得以实现的关键体现在完善的规章制度中，如外勤工作规范、服务行为规范、危机管理规范等。同时还要建立奖惩机制，将员工的行为与绩效、晋升等联系到一起，将行政人员的价值观引导到主流价值观上。组织文化是一个组织长期生产、经营、建设、发展过程中所形成的管理思想、管理理论及与之相适应的思维方式和行为规范的总和。加强政府组织文化创新，有利于加强组织的凝聚力、向心力，激发员工开拓创新、建功立业的斗志。组织文化创新，还有利于激发员工的工作热情，推动良好组织氛围的建立，形成良性的循环系统。对于流动公共服务而言，主动上门服务是其核心的思想特征，因此需要政府部门对组织文化制度加以建设和创新，以应对全新的政府管理理念和服务手段。

2. 进一步推行行政审批制度改革

要推进服务型政府健康、稳健发展，我国政府应进一步推行行政审批制度改革。第一，继续大幅度减少行政审批事项，凡是能由市场调节的坚决依法取消，通过市场机制运作；对少量需要审批的事项，要简化审批程序，提高审批效率。第二，强化审批人员的服务意识，摒弃“官本位”“官利一体化”的思想，树立“民本位”思想，真正做到为人民服务。第三，合理授权，明确权利和责任。赋予行政人员一定的自由裁量权同时也要对其进行监督。要做到行政审批程序严密，要严格落实行政审批责任追究机制，以防止行政人员由于滥用权力而导致寻租和腐败。行政审批制度改革是服务型政府建设的重要手段，也是流动公共服务供给的重要组成部分。行政审批制度改革过程中，将政府的职能和办公事项进一步加以整合，这为流动公共服务的供给提供了资源整合的手段。流动公共服务讲求主动上门服务，因此对于效率意识十分注重。所以在流动公共服务的每次供给中，考虑到供给对象的现实状况和政府部门的行政成本，往往需要将政务资源进行整合从而在一次服务中提供多项职能。这时，行政审批制度改革就与流动公共服务供给的政务资源整合不谋而合。

3. 加强宣传培训，提高政府工作人员服务意识

为了有效地传播组织文化和共享价值体系，也为了让干部职工切实参与到组织文化中，就需要建立畅通而多样化的宣传载体，如内部网络、报刊、博客等，利用这些载体可以经常性地对干部职工进行教育和培训。这些传播媒体既需要政治化的，也需要个性化的。行政人员要加强党性修养，按照“讲党性、重品行、做表率”的具体要求，增强政治立场的坚定性、服务大局的自觉性、组织工作的原则性。公务人员要具有良好的政治品行和生活品行，以公道之心行公道之事，以政治素质支撑正派，以业务素质实现公正。流动公共服务与现有的公共服务供给方式存在显著的区别，主动上门服务的方式要求政府工作人员打破过去固有的认知，将服务意识放在工作的首位。因此，加强宣传培训，有助于对流动公共服务供给中的政府工作人员服务意识进行再造与提升。

4. 全面推行行政问责制

行政问责制是指一级政府对现任该级政府负责人、该级政府的各个部门以及下级政府的主要负责人在其管辖范围内的部门和工作范围内由于故意或疏忽，未履行或未正确履行其法定职责，从而影响行政命令和行政效率，贻误行政工作，或损害行政管理相对人的合法权益，给行政机构造成不利影响和后果的行为，进行内部监督和责任追究的制度。此外，全面实施行政问责制是建立服务型政府的必要手段。首先，确定行政问责制的主体和对象，并确定行政问责制的范围。其次，官员形成权力与责任一致的观念，转变“官方标准”的服务理念，政府必须意识到权力来自人民，其必须对人民承担相应的责任。当其管理行为出现问题时，必须予以批评和教育，并且必须对相关责任人进行调查。在流动公共服务的供给中，行政问责制显得尤为重要。流动公共服务的供给并不限制在某一时空内，因此相关的监管工作难以开展。因此，行政问责制的推行有助于政府部门对流动公共服务的供给进行质量管理，从而进一步提升其供给质量，实现公共服务的均等化。

（四）服务型政府与流动公共服务的关联

1. 二者目标相同

流动公共服务是边疆民族地区社会治理方式的创新，其灵活性、公平性的特征使其在满足人民生活需求方面起着非常大的作用。流动公共服务主动满足不同层次群众的需求，流动公共服务是灵活的，可以在不同空间进行服务的随意组合，可以更好地满足边疆地区人民的生活需求。服务型政府是一个旨在以公共利益和公众客观需求为目标向全社会提供优质公共产品和公共服务的政府。党的十九大报告提出，“中国特色社会主义新时代”强调建立一个“让人民满意的政府”的必要性。建设人民满意的政府是中国改革开放的必然逻辑，是深化政府管理体制改革的方向，是推进国家治理现代化的必然要求。从根本上说，它还为人民提供更好的服务，满足人民日益增长的公共需求。无论是建设服务型政府还是我们提出的流动公共服务，都是为了更好地保护人民的基本权益。政府的发展和转型也是为了更好地满足人民的需求，更好地为人民服务。

2. 二者都重视服务的价值取向

普通公共服务难以满足边境地区人民的需求，流动公共服务的出现弥补了现有公共服务供给方式的不足。它满足了政府传统公共服务难以辐射的群体或地区的公共服务需求。流动公共服务成为实现公共服务均等化的具体手段之一，也是实现国家治理能力和治理体系现代化的基本手段之一。公共服务是目前公共管理和政府改革的核心内容，供求是公共服务的两个方面。服务型政府建设也重视供需关系，重视需求，不盲目供给。服务型政府还旨在通过管理理念和服务方法的创新，为人民提供满意的服务。

3. 流动公共服务是服务型政府建设的具体途径

由于特殊的地理和文化环境、人口结构和民族分布，边疆民族地区对公共服务产生了特殊需求。但是，现有的公共服务供给方式由于其固定的特点，远远不能满足人们对公共服务不断增长的需求。因此，流动公共服务的出现弥补了供给系统的不足，更能适应当前社会经济发展的需要。随着服务型政府的概念在公共管理领域逐步深化，政府也在积极改革提供公共服务的方式。出现了诸如政务整合、“一站式”服务等方式，但这些方式在边疆民族地区和落后地区却失去了应有的作用。“流动公共服务”不仅是公共服务供给模式的一种创新，而且在理论上也反映了公共服务的客户服务导向和政府管理中的主动服务理念。这是基层政府建设服务型政府的理论基础。流动公共服务是公共服务理念的创新，它结合了服务型政府、响应型政府和无缝隙政府的理论本质。民族地区公共服务供给模式的转变也是新时期社会治理的创新探索。

目前，中国特色社会主义进入了一个新时期。面对新的历史方向，必须切实转变政府职能，深化“放管服”改革，确保“释放”落实到位。该“管”的管得住，该“服务”的服务好。着力推进优质跨越式发展，加强和完善政府在促进市场公平有序竞争，优化公共服务供给，依法保护财产等方面的职能，加快实现从“划桨”到“掌舵”的过渡。不论政府机构怎么调整，政府职能怎么转变，任何时候为人民服务的目的都不能改变。

服务型政府和流动公共服务的根本目标相契合。流动公共服务通过让公共服务流动起来的方式更灵活、更便捷地为群众提供不同层次、不同方面的需求，大大减少了公民在公共服务供给过程中接受服务所消耗的时间和金钱。这体现了流动公共服务同服务型政府都以提供高质量的服务、满足公众客观需求为准则，以实现公共利益为目标。除此之外，服务型政府和流动公共服务的价值取向也一致，流动公共服务的本质是以人为本，根据边疆民族地区跨度大的特点弥补现有公共服务难以供给的缺陷，这也体现了其将管制职能纳入服务框架的价值取向。

三、无缝隙政府理论

无缝隙政府理论出现的背景是 19 世纪 50 年代工业革命提升了工作效率和专业性，使得西方的公共和私人组织由原先全面性、整体性的工作演变为劳动力的分工和劳动的最细化分工，由此对应的则是私人层面的生产者与顾客、公共层面的政府与民众之间的割裂。最先转变为大规模生产的公共领域包括邮政、卫生保健、公共安全、公立教育等。虽然劳动力的重新划分以及专业化工作的凸显提高了公共部门的工作效率，但同时也导致了政府越位、缺位现象的频发，政府职能的分裂不仅使政府成本大幅增加，同时也使政府提供的公共服务质量不增不降，政府与公民之间矛盾的激化也成为无缝隙政府理论引进的直接原因。

“无缝隙政府”最早由美国的管理学家拉塞尔·M. 林登提出，其著作《无缝隙政府：公共部门再造指南》中选用各级政府在不同改革阶段的实例，如美国湖底地区医疗中心整合不同体制，提供无缝隙服务等，展示了从顶层设计、基层实施到第三方评估的政府再造过程，诠释了无缝隙政府不是完全推倒现有的行政体系和公共部门工作流程，而是在现有基础上更加强调顾客导向、竞争导向、结果导向。比如大幅提高公共部门所提供的公共产品和服务的价值，以及供给对象的满意度；细化政府工作流程，明确公共服务绩效的标准和评价指标，提高供给过程的灵活性、便捷性、时效性，最大程度减少顾客在这一过程中的时间、金钱、精力等的消耗;[①] 重新强调19世纪40年代各行业通才结果，通过标杆管理、全面质量管理等手段明确工作目标，提高政府效率，满足顾客需求，建立无缝隙政府。

流动公共服务通过运用新时代的信息技术打破了专业化的分工和不同地区、不同部门、不同群体间的隔阂，整合了跨地区的公共部门，实现资源的集中优化和利用，恰好体现了无缝隙政府理论的核心理念，即顾客导向和结果导向，使得公共部门工作人员与公民直接沟通，既可以最大程度满足公民的实际需求，也提高了公共服务的供给质量，减少了供给成本。

四、新公共服务理论

（一）新公共服务理论概述

罗伯特·登哈特是新公共服务管理的代表人物，以他为首的一批公共管理学者对新公共服务理论进行了研究与思索。他们主要针对企业家政府理论的一些不足之处进行评述，同时提出一些新的公共管理理论。新公共服务理论最早出现于20世纪80年代，由以美国的罗伯特·登哈特为代表的一批公共管理学者为了反思风靡一时的新公共管理理论所提出。他们认为新公共管理理论大量运用的企业家政府模式重新定位了政府的角色和责任，但这种再造运动充斥着的私有化精神违背了公共管理应当具有的公平和民主价值，因此他们在对新公共管理理论反思的基础上结合公共服务本质精神提出了新公共服务理论。新公共服务理论相比传统的公共行政以及新公共管理理论，更强调公民在公共管理中的核心地位，认为政府及其工作人员必须将公民作为回应对象，以实现公共利益为首要目标。同时倡导政府应以公平、正义、民主为核心目标，职能方面必须以服务为主而不是

① 刘斌，孟维，刘子惠．无缝隙政府理论的改革与实践［J］．沈阳大学学报，2006（6）：33-35.

掌舵，在公共服务提供的过程中要注重需求导向，根据公民的具体需求提供相应的公共产品，所以必须提高公民在公共管理中的参与程度。①

（二）新公共服务理论的价值体现

新公共服务理论是对传统公共服务的积极探索，既表现在理论层面的新思路，更体现在具体实践中原则方面的创新。理论层面，新公共服务理论不仅将市场机制和民主理论相结合，而且将传统民主理论与新时代经济形势相结合，更强调政府工作中的信任机制的建立和群众的需求导向。随着福利社会的兴起，人民群众对公共服务的要求不仅仅局限于满足生存需求，转而要求更高层面和更高水平的公共服务。具体要求包括：多方面的公共服务，如文化、娱乐公共服务；更具个性化的公共服务，体现民主权利和民主自由的公共服务需求；需求导向下的公共服务，要求公共部门及其公职人员提供更为精细化的公共服务，在供给流程、供给方式、供给内容上更加体现民主化的特点。

实践层面，新公共服务理论强调政府的核心目标是实现公共利益，核心原则是公共性和普遍性。公职人员在提供公共服务的过程中，要注重与人民群众建立合作和信任机制，要明确市场机制和公共服务的明确界限，公共服务必须在对话协商的过程中以为公民服务为核心内容，而不是为顾客服务。

（三）流动公共服务与新公共服务的理论契合

与新公共服务理论的核心价值相契合，流动公共服务同样以实现公共利益为首要目标，强调公民在公共服务过程中的核心地位和参与的重要性。如流动图书馆便是针对公民在文化方面的需求，结合不同地区不同年龄的公民所进行的以提供图书阅读为主的公共服务供给，突出了新公共服务理论中多样化的责任实现途径。

新公共服务强调建立沟通和协商机制，而流动公共服务所提供的服务

---

① 珍妮特·登哈特，罗伯特·登哈特．新公共服务：服务而不是掌舵［M］．丁煌，译．北京：中国人民大学出版社，2004：42-150.

强调上门服务，体现的便是与对应的人民群众的合作和信任机制。边疆民族地区人民受自然地理等方面的限制，所享受的公共服务在服务种类、服务内容、服务形式等方面都区别于其他地区的公共服务。通过与公共部门的工作人员建立信任机制，让公共服务流动起来，如流动警务服务的代表性形式“草原110”、流动医疗服务的代表性形式流动小药箱等，信任机制使得公共服务的供给过程更为精细化，与边疆民族地区特别是牧区牧民的需求相契合。

五、政府精细化管理理论

（一）政府精细化管理的概念内涵

“精细化”这一概念起源于日本的企业管理领域，最早用于解决企业效率的问题。“零缺陷”“关键路径”等方法都是日本精细化管理的重要手段。随后，温德诚首次提出了“精准细严”四大特征，对政府精细化管理的特征和方法论进行了详细的描述。①

政府精细化管理理论的提出离不开时代的呼唤。目前，大数据时代的到来使得海量数据的收集和分析处理成为可能。基于大数据和机器学习技术的公共舆情预测系统、城市智慧大脑等决策支持系统的出现使得政府可以在海量数据的支持下做出更加科学、精细的决策。而且，随着国家治理能力和治理体系现代化工作的不断推进，政府、市场成为治理主体以后，更加需要厘清不同主体之间的职责边界。因此，政府有着许多精细化的管理实践，这些理论和实践共同构成了政府精细化管理的理论基础。政府精细化管理因此被定义为：在适应不断变化的行政环境基础上，在政府管理的全过程中实现“精准细严”的理念，从而精准地提供公共服务，提高政府效能。②

---

① 温德诚．精细化管理浅谈［J］．管理与财富，2005（3）：16-18.

② 刘银喜，任梅．精细化政府：中国政府改革新目标［J］．中国行政管理，2017（11）：107-110.

（二）政府精细化管理的特征

基于政府精细化管理的概念，其理论体系包含四大内涵特征：第一是“精”。“精”是指在政府管理的过程中要以精益求精为指导理念，通过优化行政结构和政府职能以达到人民群众的满意水平。精益求精强调公民的满意导向，并通过在政府管理的全领域和全流程不断实施改进以做到更好。值得一提的是，精益求精是打造精细化政府需要实现的目标之一，是一个在实践中不断改进的动态过程。第二是“准”。“准”是指流程准确，强调政府管理的标准化和科学化。目前许多行政部门虽然做到了有法可依，但仍缺乏详细、标准的工作流程。而流程准确则是要建立起一个具有标准化和科学化的工作流程，从而进一步对行政工作进行指导，防止偏差的出现。同时，流程准确这一内涵进一步明确了政府部门不同岗位的具体职责，从而使其在工作中避免出现越位、缺位和错位的情况，不仅可以最大限度地保证工作的主观能动性，同时也为行政监督和评估提供了优良的指标体系。第三是“细”。“细”是指细而不繁，如果说流程准确提供了具化到政府部门每一个工作岗位上的职责，那么细而不繁就是对这些职责进行明确的界定。从政府管理的角度来看，政策信息收集、方案设计和论证、政策执行和评估的环节通过细化，可以使每一项职责都切实落实到个人身上，从而实现环环相扣的效果，防止职责不清、推诿扯皮现象的出现。但过度精细的职责边界往往会在突发事件或需要协作时产生阻碍，从而造成组织的僵化。因此，细而不繁在强调环节的细节把握上更要注意把握的尺度，避免过度划分带来的负面效应。第四是“严”。“严”是指严而不苛。如果说前面的三个内涵强调的是精细化政府的制度建设，那么严而不苛则更加侧重制度的落实和执行。再好的制度如果不能严格地执行和规范地落实也是无源之水、无本之木。因此，政府部门要强调严谨的工作作风，通过严格执行其他条件来确保精细化管理。但与科学管理等传统精细管理的差别之处在于严而不苛将弹性化作为制度安排之一，在强调严格的规章制度基础上引入了弹性处理矛盾和问题的举措，防止严格的制度阻碍办事效率。

（三）政府精细化管理与流动公共服务的契合

可以说，流动公共服务的建设与政府精细化管理的理论是相辅相成的。一方面，政府精细化管理强调对公民需求的精细化满足，而流动公共服务本身具备的特征可以形成良好的契合性；另一方面，流动公共服务的服务对象和服务内容具有针对性，这也需要政府精细化管理理论的“精准细严”作为理论指导。若要实现流动公共服务的有效性和针对性，就需要准确地识别服务对象和服务对象的相关需求，通过建立标准的工作流程以确保流动公共服务的提供质量。而且，严谨的工作作风和严密的规章制度对于流动公共服务的效率提升有着不言而喻的作用。可以说，流动公共服务是政府精细化管理理论的具化，在流动公共服务的全过程中均体现出了政府精细化管理的四大内涵。

第二章　流动公共服务：理论体系及类型学分析

第一节　流动公共服务的理论体系

目前，学术界在流动公共服务领域的研究仅处于概念提出的阶段，而作为一种制度，流动公共服务亦构成了一套独特的体系。关于流动公共服务的主体、客体、内容、方式、领域等要素在目前的文献和文件中语焉不详。本书通过借鉴制度分析的三层次框架①，将流动公共服务的体系划分为理念驱动、制度设计和行为方式三个层次，从宏观、中观与微观的视角对流动公共服务这一制度进行深刻的剖析。

一、流动公共服务体系构建框架

流动公共服务体系的一级框架参考了道格拉斯·诺斯关于制度的分析，他的理论为本书建立流动公共服务体系做出巨大贡献：制度既包括理念驱动、制度设计与行为方式三个层面，而这三个层面从逻辑关系上来讲呈现出一种从顶层到实践的完整过程，又包括了理念目标等静态制度设计与运行方式等动态的制度安排。因此本书将三层次作为流动公共服务体系

① 杨立华，常多粉，张柳．制度文本分析框架及制度绩效的文本影响因素研究：基于 47 个大气污染治理法规政策的内容分析［J］．行政论坛，2018，25（1）：96-106.

构建的核心框架，并在此框架上进一步填充和细分。

流动公共服务体系的二级框架则参考了我国公共服务体系发展的阶段特征。我国的公共服务体系发展与改革主要经历了四个阶段，在这四个阶段中，为了应对不同的社会现实，政府部门的公共服务体系显现出了不同的要素特征。在计划经济阶段，公共服务体系体现出公平导向以及单一供给主体的特征；而在市场经济初期阶段，政府更加注重经济职能而忽视服务职能；在 20 世纪 90 年代到 21 世纪初，由于单一主体供给的弊端，政府的公共服务逐渐走向市场化和社会化；而在 21 世纪以后，中央政府更加强调政府的公共服务和社会管理职能，服务型政府的建设以及弱势群体的公共服务需求满足成为公共服务体系的显著特征。在四个不同的阶段中，公共服务体系中包含的具体供给内容与诸如财政保障、公民参与、多元主体等机制得到了充分的讨论。① 通过我国公共服务体系的发展不难发现，公共服务体系的议题主要包括供给主体、服务对象、服务目标和指导理念、服务供给手段与内容、服务的相关体制机制建设等要素，服务目标和指导理念等与理念驱动层更为契合，而供给主体、服务对象以及服务内容和领域等与制度设计更加匹配，供给手段和监督评估等要素则体现出行为方式的动态特征，这为本书的流动公共服务体系三层框架的进一步细化提供了现实性的参考。

本书依照制度分析的三层次框架，参考不同发展阶段的公共服务体系要素特征，构建起了流动公共服务体系的框架。具体如图 2-1 所示，本书将流动公共服务的三层次做了更加细致的分化。理念驱动层主要包括驱动和指导流动公共服务的理念和精神，以及流动公共服务要实现的目标。制度设计层则以供给主体、供给客体（供给对象）和供给涉及领域为要素加以阐释。而行为方式层相较前两者更偏向于基础和实践，强调具体的供给手段和对流动公共服务的评估、监管。

---

① 郁建兴．中国的公共服务体系：发展历程、社会政策与体制机制［J］．学术月刊，2011，43（3）：5-17.

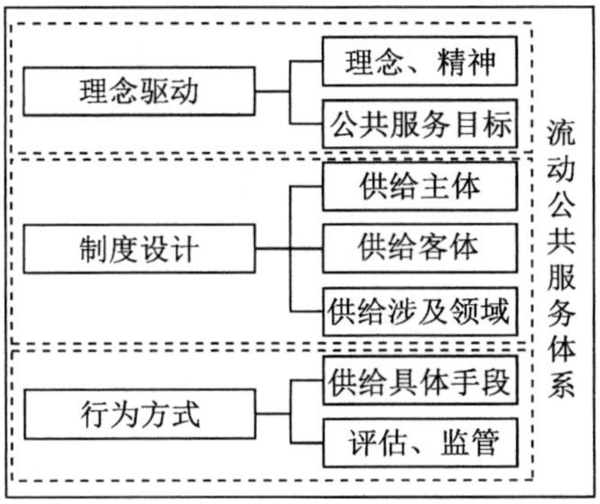

图 2-1　流动公共服务体系①

在三个层次构建完毕后，流动公共服务的体系需要进行实践层面的补充，而流动公共服务的类型学分析模型则为流动公共服务的体系完善提供了实践层面的支持。从四个不同的类型中，不难发现流动公共服务的多元主体、服务内容及领域、供给的手段以及服务对象等静态、动态的制度碎片，并能够进一步对应到流动公共服务体系的三个层次中，完善了制度设计和行为方式两个层面。而前文对流动公共服务的概念和内涵的界定与流动公共服务的类型学分析共同规范了流动公共服务体系的理念驱动层。

二、流动公共服务的理念驱动层

流动公共服务的理念驱动层主要关注指导流动公共服务的基本理念与原则，而从研究结果来看，流动公共服务的指导理念和目标与现有公共服务供给方式存在一定的差别。

（一）流动公共服务的指导理念

本书认为，流动公共服务的指导理念和目标正是基于现有公共服务供给方式的理念与目标提出的。现有公共服务的指导理念中尚未体现主动性和灵活性的原则。近几年在基本公共服务均等化理念的指导下，落后地区

① 杨立华，常多粉，张柳．制度文本分析框架及制度绩效的文本影响因素研究：基于 47 个大气污染治理法规政策的内容分析［J］．行政论坛，2018，25（1）：96-106.

的基础设施在快速地升级更新，公共服务设施的数量和质量都在不断增加和提高。但显而易见的是这些公共服务的供给都以固定的场所为载体，诸如医院、图书馆、司法所等，从时空维度而言十分固定。产生相关需求的群体需要前往这些固定场所才能享受到相应的公共服务，而这些公共服务部门并未将公共服务供给延伸到场所之外纳入考虑范围。流动公共服务与现有的公共服务供给方式指导理念相比，具有以下特征和创新点：

第一，主动服务理念。主动服务的理念是指政府部门摒弃过去公共服务供给的被动现状，打破了公共服务供给的时空限制，通过主动上门的方式提供流动公共服务。现有公共服务的提供均为被动供给，有需求的人会主动寻求公共服务的供给主体，而在流动公共服务供给方式中，供给主体和供给对象的行为发生了置换，过去被动供给的供给主体现在需要通过主动服务的方式提供服务，而人们只需要在家即可享受服务。现有公共服务的被动供给方式不仅效率低下，难以满足小部分人的公共服务需求，而且产生了政府部门优越感的提升以及公共服务质量的下降等连带效应。而流动公共服务以公民的公共服务需求为出发点，同时讲求服务内容和资源的整合，并在此基础上实行质量管理以把握服务质量。可以说，流动公共服务的主动服务理念体现出政府部门的执政理念正在向民主化、科学化转变，同时转变了政府部门被动的形象和作风，进一步提升了公共服务的质量和人民的满意度。

第二，灵活服务理念。从字面含义来看，这也是流动公共服务的核心特征。灵活服务理念是指政府部门并未将公共服务的供给内容、供给手段、供给对象等加以固定，而是采取“因地制宜”的手段针对不同的情况提供服务。流动公共服务的灵活性体现在三个方面：第一个方面是供给主体的灵活性。现有的公共服务一般情况下只由单一主体供给，而流动公共服务则由三个主体混合供给。第二个方面是供给的灵活性。流动公共服务对供给的内容、规模、区域和路线等均可以灵活调整。第三个方面是供给对象的灵活性。现有的公共服务供给对象一般为一个群体，而流动公共服务则由于服务内容的高度整合性，在供给时可以实现不同对象之间的灵活供给。例如流动司法所不仅为需要诉讼的群体提供服务，同时也为其他群体提供法律咨询、宣传等服务。灵活服务的指导理念进一步提升了政府部门的行政效率，节约了行政资源，同时提升了流动公共服务的供给有效性。

第三，无缝隙服务理念。无缝隙理念是指流动公共服务供给的对象和领域要实现全面覆盖。流动公共服务可以辐射到现有公共服务供给无力无能的盲区和死角。以医疗服务为例，目前在农牧区并未设立大型医疗机构，卫生室和“赤脚医生”在大病和慢性病方面束手无策，而“流动医生”则通过定期巡诊和复查、配药等方式将这些服务的盲区和死角清除。现有的公共服务更多地体现出政府“有限理性”原则，由于能力有限，所以无法满足所有的公共服务需求。流动公共服务则作为现有公共服务的延伸和补充，很好地照顾到了特殊群体。无缝隙服务理念进一步提升了流动公共服务的公平性和普及性，真正为实现基本公共服务均等化提供了理念保障。

（二）流动公共服务的目标

从目标上而言，现有公共服务供给方式强调实现均等化，并进一步对其内涵进行补充和丰富。然而，由于政府能力的限制及公共服务供给外部环境（诸如地理环境、经济发展水平等）的制约，公共服务均等化的目标处于实现阶段。政府部门通过大部制建设、“一站式”服务以及诸如精准扶贫、乡村振兴等战略促进公共服务均等化的实现，但这些手段和政策目前存在一定的空白领域，例如我国广大牧区的基本公共服务供给很难得到保障。公共服务均等化的目标尚处于实现阶段，还有一些在公共服务享受方面的弱势群体未能享受到均等化的公共服务。而目前，政府部门已将弱势群体的公共服务利益纳入公共服务供给的重要一环①，将弱势群体的生存和发展权依托诸如流动公共服务等创新的供给方

① 陈成文，陈静．论公共服务供给与新时代“弱有所扶”［J］．贵州社会科学，2019（1）：59-65.

式加以保障。

流动公共服务的目标体现为通过灵活、主动、无缝隙的服务保证公共服务供给能进一步实现均等化、精细化，从而体现社会公平。现有公共服务供给的目标正是均等化，然而均等化正处于实现阶段，并有一部分群体处于公共服务不均等的现状之下。流动公共服务的目标正是对现有公共服务供给目标实现状态的一种补充和改进。目前，流动公共服务供给在地区上主要集中于边疆民族地区和落后地区，这些地区由于经济发展水平以及地理环境限制导致公共服务基础较差，而流动公共服务的主动上门则避免了由地理因素和经济因素造成的服务不可及情况。而从群体上讲，流动公共服务的价值体现在对弱势群体、特殊群体的服务供给上。

三、流动公共服务的制度设计层

流动公共服务的制度设计层主要涉及流动公共服务的供给制度。目前，无论是学术界还是政府部门，对流动公共服务的具体供给制度的相关阐述均较少，服务提供的主体、客体、手段和领域等都没有得到明确的界定。本书通过对相关案例和政府文件进行总结，将流动公共服务的制度设计归纳如下：

（一）流动公共服务的供给主体

在国家治理能力和治理体系现代化提出以前，流动公共服务一般情况下都由政府进行供给，并且单一主体供给导致了供给内容和领域的局限性。但随着国家治理能力和治理体系现代化的不断深入推进，流动公共服务逐渐转向多元主体以适应现实环境的需求。从目前来看，流动公共服务的主体包括了政府的公共服务部门、社会组织、市场力量三大主体。

首先，政府部门是流动公共服务的直接提供者，这也是政府部门的天然职责。政府部门在提供流动公共服务的同时，也在为其他的主体提供良好的规范和指导，起到引领示范的作用。除此之外，政府部门还扮演着推动者和发起者的角色。通过相关文件的出台，政府部门不仅使流动公共服务的供给过程更加科学规范，同时也为其他主体参与流动公共服务奠定了法律基础和制度规范。

其次，社会组织则在流动公共服务的供给中承担着信息收集者和政府职能转移承担者、政府职能补充者的角色。社会组织目前经常被看作政府和社会之间的沟通渠道，起到中介桥梁的作用，而在流动公共服务的供给中，社会组织在自身活动的同时便能收集到许多相关的公共服务需求，从而加以反馈。目前，由于政府部门的财政能力有限，无法根据所有的公共服务需求设立相关部门，而且许多公共服务具备相当的专业性，这使得政府部门无力供给。这时政府购买公共服务成为连接政府部门和社会组织的重要桥梁。通过购买服务，政府部门将部分的公共服务职能转移给社会组织承担。例如重庆市的流动文化服务中政府每年要向社会组织购买数万场流动演出以满足人民群众的精神文化需求。需要注意的是，社会组织虽然可以作为流动公共服务的供给主体之一，但政府部门一方面应当鼓励社会组织自我管理，优化社会组织发展的制度环境和社会环境，防止社会组织官僚化、依赖化，并进一步加强社会组织的力量；另一方面需要加强对社会组织的监管和外部监督制约，防止社会组织的腐败和志愿失灵现象出现。

最后，市场力量在流动公共服务的供给中更多地承担着物资提供者和后勤保障者的角色。在流动安全服务中，许多地方政府通过购买流动警务室作为安全服务的流动载体，而流动警务室是一辆具有防爆、越野、无线电通信、互联网等功能的特种改装车辆，政府部门只能通过向企业购买。目前，许多流动公共服务在供给前都要就特殊的需求进行采购，所以企业在流动公共服务的供给中起到了间接的作用，甚至一些文化企业也主动承担政府的购买服务，直接提供流动公共服务。

总而言之，虽然目前流动公共服务的主体有多种开展服务的形式，但这并不意味着政府部门与其可以完全划清界限。无论是社会组织还是市场力量都存在一定的弊端，当前的流动公共服务主体仍要以政府为主要引领者，并进一步规范和监督其他主体的供给行为。

（二）流动公共服务的供给对象

流动公共服务的供给对象基本聚焦于现有公共服务供给对象以外的群体和地区，从而形成现有公共服务供给的有益补充。

从群体上来看，流动公共服务目前的文献多将供给对象确定为几大群体：一是偏远落后地区的人民群众。当前对流动公共服务的研究多将视野集中于偏远落后地区的人民群众公共服务需求满足，诚然，目前偏远落后地区的公共服务基础设施薄弱，公共服务供给内容甚至并不齐全，导致人民群众的需求溢出。二是农村地区的弱势群体。城市化的进程需要大量基础劳动力的不断推动，因而进城务工成为许多农村劳动力的第一选择。在这种情况下，不构成劳动力的老年人与儿童成为留守农村的主要群体。农村落后的公共服务基础设施和不完善的公共服务供给内容难以满足老年人和儿童在教育、医疗等诸多方面的公共服务需求。而流动公共服务则依托流动医生、流动图书馆等形式满足这些方面的公共服务需求。三是牧民等居住分散的群体。由于居住的地理分散性，公共服务设施难以覆盖整个地区，同时由于交通不便以及牧民等群体的流动性，其公共服务需求往往难以依靠现有公共服务供给得到满足，这时便需要流动公共服务作为补充。但目前，不仅是上述在社会生活中的弱势群体成为流动公共服务的供给对象，许多普通的城市居民也成为供给对象之一。流动大舞台、驻点律师等不同领域的流动公共服务供给均将普通的城市居民视作供给对象，概因其能够体现政府的主动和服务意识。

而从地区上来看，流动公共服务的文献将其供给分为三大地区：一是边疆民族地区。在 2018 年以前，流动公共服务的相关研究均将视野集中于边疆民族地区，这与流动公共服务在边疆民族地区的成功实践密不可分。在边疆民族地区，由于经济发展水平和地理环境限制，公共服务的整体发展水平较低，且边疆民族地区的多民族成分带来了公共服务的多层次需求，因此催生了诸如流动图书馆、流动小药箱等一系列流动公共服务。所以，流动公共服务将边疆民族地区视作公共服务的对象之一。二是落后地区。本书的落后地区主要指如农村等经济发展水平较差的地区。以流动文化服务为例，重庆市是一个山地城市，经济发展水平参差不齐，位于山区的县、镇等经济发展较差。为了满足这些地区人民群众的精神文化需求，重庆市政府每年通过购买流动演出的方式为这些地区提供流动文化服务。随着乡村振兴战略的提出，文化振兴成为五大总体要求之一，而为了整合服务资源、提高服务效率，流动文化服务可能是最好的选择。可以说，与其在落后地区建立公共服务基础设施不如整合现有公共服务资源提供流动公共服务，这样不仅节约了政府成本，同时更加高效、便捷。三是普通的城市地区。从实践来看，流动公共服务也在普通的城市地区进行供给。无论是以前的文献还是本书的前期研究都将视野集中于那些经济欠发达地区，但在资料收集过程中本书发现流动公共服务的供给在普通城市地区也存在。诸如呼和浩特市（流动图书屋）、深圳市（驻点律师）、北京市（流动医疗车）等城市里均有流动公共服务的开展，可以说目前流动公共服务的供给对象逐渐将城市地区囊括在内，当然这只是流动公共服务供给的一小部分。

（三）流动公共服务的供给领域和内容

流动公共服务的供给领域主要是指流动公共服务在哪些公共领域提供服务、发挥作用。从公共服务的性质来看，目前只有少部分公共服务可以流动起来。诸如教育、就业、科技、养老等公共服务难以流动起来，这与其公共服务要素的流动性较差有着很强的关系。从现在的实践和研究来看，流动公共服务的领域主要集中于安全服务、文化服务、医疗服务和法律服务四大范畴（这也是本书主要的研究领域）。

一是安全服务，流动安全服务的主要对象为边疆民族地区及其群体。诸如内蒙古自治区的“草原110”、流动警务室等流动安全服务旨在维护边疆民族地区的社会稳定，应对突发事件和满足日常警情需求。边疆民族地区往往易受到国外敌对势力的渗透，需要加强安全措施，而边疆民族地区的突发事件和警情需求则需要一个快速响应机制加以解决。流动安全服务主要通过边防巡逻队、流动警务室、“草原110”等形式为人民群众提供安全服务、报案处理、边疆地区打击犯罪、突发事件应对、户籍管理等服务。

二是文化服务，流动文化服务的对象较为广泛。流动图书馆、乌兰牧骑等经典的流动文化服务形式则更加关注群众的精神生活需求满足。通过这些流动载体，流动文化服务不仅可以传播群众喜闻乐见的文化产品，也可以在文化产品中加入许多符合社会主义核心价值观的内容，从而弘扬社会主义核心价值观。流动文化服务主要通过流动博物馆、流动图书馆、乌兰牧骑、流动科技馆等形式为人民群众提供科普、文化娱乐、爱国教育、素质提升、科技展览、农牧民生产技术提升等服务。

三是医疗服务，流动医疗服务的覆盖面则相对狭窄。目前流动医疗服务多出现于农村牧区，流动医疗服务通过流动小药箱、流动医生的形式提供慢性病药物配送、常见疾病诊疗、身体检查、健康知识宣传等服务。

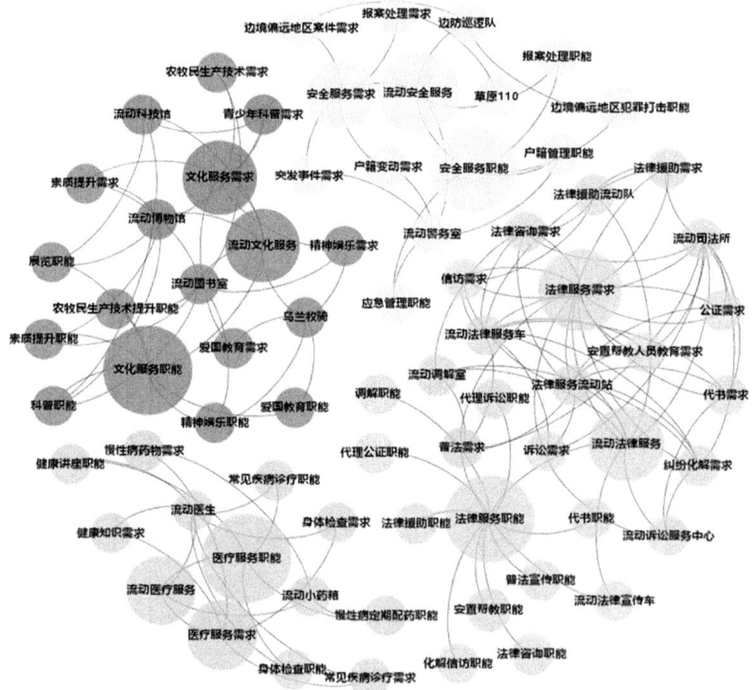

图 2-2　流动公共服务供给领域示意图

四是法律服务，目前流动法律服务的供给在我国已较为成熟，许多地区借助多种载体纷纷开展流动法律服务。流动法律服务主要通过流动司法所、流动调解室、流动法律宣传车、法律援助流动队、法律流动服务站等形式为有需求的人们提供法律援助、法律咨询、代书、信访、调解、代理公证、普法、诉讼、安置帮教、纠纷化解等服务。[①] 流动公共服务供给领域如图 2-2 所示。

四、流动公共服务的行为方式层

流动公共服务的行为方式层主要指在主动上门服务的理念指导下贯彻执行流动公共服务的供给制度。

（一）流动公共服务的供给手段

目前，四大领域内的流动公共服务供给手段在方式上较为多样，地方政府结合当地实际形成了具有地区特色的做法，尚未形成一个统一、规范的供给手段制度。目前的流动公共服务供给手段如表 2-1 所示。

表 2-1　流动公共服务供给手段

流动公共服务类别	具体服务形式
文化服务	流动科技馆、流动博物馆、流动图书室、乌兰牧骑、流动大舞台
安全服务	草原 110、流动警务室、边防巡逻队
医疗服务	流动医生、流动小药箱、流动社区卫生服务站、基层卫生流动服务库
法律服务	流动司法所、流动法律服务车、流动调解室、流动法律宣传车、流动诉讼服务中心、法律服务流动站、法律援助流动队、驻点律师

可以看到，基于不同的供给服务内容，流动公共服务有不同的供给手段。这些手段有几个共同特征：一是将服务依托于某一流动性较强的载体。从目前来看，四大领域的流动公共服务供给手段中，汽车是最受欢迎、最为普及的载体。其灵活性、机动性、低成本的特征使其成为供给的有效载体。二是通过单次服务辐射多个群体。流动公共服务由于资源和服

① 根据政府网站、新闻网站等互联网相关文章整理所得。

务内容得到了整合，故而可以实现一次服务过程中满足对多个群体的公共服务需求。以流动图书室和乌兰牧骑为例，每一次的服务内容虽然早已固定，但往往一次服务可以走过许多地区，实现巡回式的供给。

随着流动公共服务的不断发展，许多新的供给手段也逐渐显现。一是基于网络平台的流动公共服务需求分析和供给机制的完善。目前流动公共服务的供给对象仍然以那些落后偏远地区的群体为主，那么在每一次服务前提供哪些内容，满足哪些需求成为政府部门的难题。但是随着互联网和移动端的普及，越来越多的人开始通过网络表达自己的意见和看法，流动公共服务正是吸取了这一特征建立起了公共服务需求和供给的网络表达机制。以重庆市流动文化服务为例，在每一次的服务供给之前，政府部门都会通过网站发布相关的服务需求征集信息，这份信息主要内容为群众对希望看到的演出内容进行投票和意见表达。在经过投票后，政府部门再组织相应的文化服务供给，这样不仅满足了群众的需求，也节约了政府部门的行政成本，使得服务的提供更有针对性，“百姓点单，政府配送；网上预约，互联互通”，在公共服务提供方面实现了供给侧结构性改革。① 二是流动公共服务与高科技的互融。许多时候借助高科技的力量流动公共服务的供给可以更有效率、更具针对性。在内蒙古自治区的流动安全服务中，流动警务室承担着极其重要的职责。流动警务室上装载了先进的 GPS 系统，用以规划流动公共服务的路线。内蒙古自治区内牧区较多，由于牧区没有道路且牧民半流动、半定居的生活方式，流动警务室便在每一次的巡逻中通过 GPS 系统在地图上记录行车轨迹，从而绘制出牧区的“地区”。不仅为之后的流动安全服务快速响应提供了路线规划，同时也能通过“地图”来寻找牧区内的牧民，为其他流动公共服务的提供奠定基础。而且，配合着“草原 110 手机 App” 的使用，流动警务室能够快速地响应周边的突发事件，及时处理警情。三是流动公共服务通过购买公共服务的方式进行服务的供给。与现有公共服务供给购买服务一样，流动公共服务也将购买服务作为

① 资料来源：重庆市政府网，http：//www. cq. gov. cn/publicinfo/web/views/Show！ detail. action？ sid＝4149710。

供给手段之一，但除了基于成本和效率之外[①]，流动公共服务购买服务更主要的是因为其无力提供一些特殊公共服务。仍以流动文化服务为例，除少部分政府建立如乌兰牧骑等文化服务机构以外，大部分地方政府并没有专门的机构为群众提供文化演出等服务，现有的歌舞团也很难满足庞大的需求。因此，政府购买文化服务成为新的选择。例如，重庆市 2015 年印发的《重庆市人民政府办公厅关于做好政府向社会力量购买公共文化服务工作的通知》，强调向社会力量购买文化演出等服务。通过购买服务，极大地缓解了目前普通歌舞团的文化服务供给负担，同时根据群众在“网上点单”的结果，政府购买的文化演出也更加精准，成为助力乡村文化振兴、提高群众获得感和幸福感的重要手段。仅以重庆市渝南区为例，2018 年区政府共计向社会团体购买文化演出服务 3372 场次，累计服务人数达到了 105 万余人。[②] 目前，许多公共服务的需求十分庞大，单凭政府部门这一主体难以满足需求，而购买服务将政府部门与社会力量形成了一股合力，从而满足更多元、更庞大的公共服务需求。

（二）流动公共服务的监督评价

对公共服务的监督和评价，是公共服务均等化实现的重要保障，同时也是完善公共服务体系的重要一环。对流动公共服务来说，监督和评价显得尤为重要，因为流动公共服务直接与人民群众的根本利益对接，对其进行监督和评价是保障人民群众利益的重要手段。而且，流动公共服务的出现时间较晚，无论是在运行还是在制度设计上都不太完善，评估和监督则有助于其进一步对制度和功能进行规范和纠错。目前，许多地方政府已开展了多种形式的流动公共服务监督评价，一些地方政府将流动公共服务纳入政府绩效考核的指标中，使其成为政府绩效考核的重要指标之一。[③] 而

---

① 苏明，贾西津，孙洁，等．中国政府购买公共服务研究［J］．财政研究，2010（1）：9-17.

② 资料来源：中国文明网，http：//www.wenming.cn/wmzh_pd/jj_wmzh/201812/t20181224_4948178.shtml。

③ 浙江省政府．关于加强流动文化服务建设的若干意见［Z］．2014.

还有一些地方政府则通过发放问卷的形式向群众了解对流动公共服务的满意程度，从而对政府部门一年来的流动公共服务供给情况进行评估。① 多种多样的监督评价不仅逐步规范着流动公共服务的供给行为，同时也逐渐提高了其制度完善性。

第二节　流动公共服务的类型学分析

在现有的公共服务供给中，多元主体原则虽然得到了体现，但显而易见的是政府部门在其中充当着权威者的角色，而目前虽然在流动公共服务的供给体系中也以政府部门为提供的主体，但从其发展趋势上来看，多元主体之间并不存在显著的权威性差分，政府以外的主体也能独立、自主地开展流动公共服务的供给。因此，在国家治理能力和治理现代化背景下，研究流动公共服务的不同主体行为方式、不同供给类型，不仅能够帮助政府厘清不同主体的职责边界，同时也能够完善社会治理创新体系的构架。

前文已经对流动公共服务的概念和内涵进行了深入的探讨和总结，这对类型学模型架构初期寻找案例时界定案例是否为流动公共服务有着重要的指导作用。通过流动公共服务的概念以及大量的实证案例总结，类型学的模型架构能够从不同的类型中展现出流动公共服务的供给主体、服务对象、服务内容和手段以及相关的运作保障制度。通过这些要素的提取，能够为流动公共服务的体系构建进行补充和完善，并为其搭建基本的骨骼框架。有关类型学的相关概念在前文已经有所提及，而本书则通过二维类型理论架构流动公共服务的类型学框架，通过两大维度架构二维四面的流动公共服务运行模式。

① 重庆市文化委，市财政局．政府向社会力量购买公共文化演出服务实施方案［Z］．2014.

一、流动公共服务类型矩阵模型架构原则

（一）全面原则

全面原则在流动公共服务类型模型架构里是最核心的原则。在类型学分析中，往往通过两个或四个维度将某一事物的所有类型囊括在内，因此其维度选择必须体现全面性。维度选择不能全面地涵盖事物，那么类型学分析将毫无意义。

（二）交叉原则

类型学分析是通过建立坐标系并以维度为轴建立起的矩阵模型，故而所选维度一定要存在交叉性。如果两个维度没有交叉性，那么类型学框架便不能形成二维四面的局面，因为没有交叉特征的存在。所以，架构类型学模型的两个维度要具备一定的交叉性，以便将事物放入规范的框架进行分析。以本书为例，本书以“供给需求”和“政府—社会”作为架构维度，主要通过政府公共服务职能和公共服务供给主体两大特征将流动公共服务的运作方式串联起来，而明显可见政府公共服务职能与公共服务主体存在显著的交叉性。

二、相关案例选取与整理

类型学模型的架构需要大量文本数据作为支撑，通过对案例文本的整理和分析，找到能够概括流动公共服务类型的特征对象，从而建立起类型学框架模型。本书通过搜索引擎以政府网站、新闻门户网站等为资料获取来源，共计得到了流动公共服务的实际案例近 300 件，涉及安全、医疗、法律、文化四大领域。

三、流动公共服务类型矩阵模型架构维度

由于本书采用的是二维类型架构，故而需要从两个维度将流动公共服务划分为四种类型。经过前期的案例、文本数据的收集以及前期的相关文

献研究，本书认为构成流动公共服务的类型学维度应为“供需向度”与“驱动方式”，以在类型学分析中体现政府转型和社会治理创新两大要件。供需向度包含了一般公共服务的构成要素与对象关联，蕴含着政府理念的转变及公共服务的需求多元化现状；而驱动方式则切合了国家与社会关系的理论意涵与互赖关系，体现出社会治理与政府职能的有效衔接。

（一）供需向度

供需向度主要从政府部门的公共服务职能与社会的公共服务需求两点架构，分为政府供给递送和公民需求溢出两大向度。

供给递送是指从目前的政府实践来看，流动公共服务体现着政府部门主动的供给递送逻辑。随着回应型政府、服务型政府和精细化政府的构建，政府的公共服务理念也在逐渐发生改变，过去的被动服务已经转变为主动发掘需求、提供服务。诸如流动图书馆、流动警务室等流动公共服务的方式均体现着政府部门主动服务的理念转变。

而公民需求溢出则与政府供给递送形成了鲜明的对立。政府部门的规模有限，因此公共服务能力也存在一定上限，无法满足所有地区和群体的公共服务需求。而随着社会经济的快速发展，公共服务的需求也出现了多元化的态势。第一，受到地理条件限制的群体公共服务需求难以满足。在重庆市、四川省、西藏自治区、内蒙古自治区等地区由于自然环境恶劣，许多居民难以享受到诸如文化、法律甚至教育等公共服务，这些群体每一次的公共服务需求满足需要付出大量的时间、金钱甚至健康代价。而目前的政府公共服务体系显然难以将触角延伸到这些地区。第二，边疆民族地区等经济落后地区的差异化公共服务需求需要予以回应。边疆民族地区等落后地区与东部沿海的发达地区在生产方式、经济发展和生活方式上存在较大差异，而以经济发展为主的因素造成了地区之间的整体发展差距。但从落后地区的内部来看，贫富差距的扩大导致了公共服务的分层需求。落后地区内社会主流群体占有着大量的稀缺资源，因此也产生了较高层次的公共服务需求，而在社会系统结构中处于弱势地位的群体则更多地表现出基础性的公共服务需求。例如牧区内牧民的读书需求、农村内村民的精神文化需求等，这些需求都需要相关主体予以回应。而一旦处于这些群体的社会化经验形成过程中的自我约束失败程度较高以及政治权威对群体的外在约束失败程度较高的情况下，社会性的公共冲突便会爆发，给政府管理造成巨大的挑战①。第三，一些特殊群体的公共服务需求无法通过自我寻求的方式得到满足。前文提到的农村地区的留守儿童和孤寡老人便是特殊群体的典型例证。限于他们的居住环境和自身条件，其很难主动寻求相关的公共服务机构满足需求，而需要政府部门主动上门加以满足。

（二）驱动方式

驱动方式主要考虑流动公共服务的两大供给主体——社会力量和政府职权，由于维度的二元性以及市场的特殊性故而本书在此将市场纳入社会力量，作为非政府力量的重要组成部分。驱动方式主要分为社会力量参与和政府职权驱动两大方向，用以规范和界定流动公共服务的供给主体。

社会力量参与旨在通过一个嵌入式发展②的框架来进行流动公共服务的多元化主体供给。目前，随着社会治理创新的不断推进，越来越多的社会力量也参与了政府的公共服务供给。社会力量主要通过授权和合作两种方式嵌入流动公共服务的框架。授权主要是指政府部门通过购买公共服务的方式将流动公共服务的供给职能转移给社会力量，而合作则是指在某一流动公共服务的领域内由政府部门和社会组织共同进行供给。

政府职权驱动是指政府部门在流动公共服务体系中亲自对流动公共服务进行供给。目前，流动公共服务的整体发展仍然处于探索和增长阶段，什么领域能够提供公共服务、如何提供公共服务是政府部门正在不断摸索和试错的核心。所以，在流动公共服务的提供方面，政府应当起到表率作用。而且，由于目前我国政府处在转型时期，社会治理体系还未成熟，因此政府部门仍未实现职能的转移，这使得目前公共服务仍然是政府的主要职责之一。这二者共同确定了流动公共服务由政府直接供给的逻辑框架。

---

① 常健．公共冲突管理［M］．北京：中国人民大学出版社，2012：30-31.

② 王思斌．中国社会工作的嵌入性发展［J］．社会科学战线，2011（2）：206-222.

四、流动公共服务类型矩阵模型

以供需向度和驱动方式为轴，最终架构起流动公共服务的类型学矩阵模型。两大维度将流动公共服务的运作模式分为了四大类型，具体情况见图 2-3。

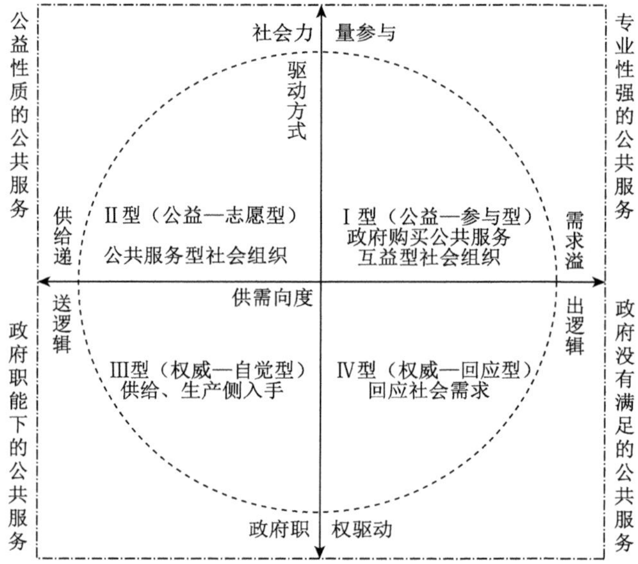

图 2-3　流动公共服务的类型学框架架构

根据图 2-3，本书将流动公共服务概括为四大类型。

（一）Ⅰ型（公益—参与型）

公益—参与型运行模式主要关注专业性较强以及政府供给较为困难的公共服务，即政府通过购买公共服务的形式来满足该部分的流动公共服务需求。在公益—参与型运行模式中，流动公共服务的供给主体主要是互益型社会组织，而服务对象范围较为广泛。公益—参与型运行模式是政府公共服务供给的延伸，社会组织在政府部门的授权下提供流动公共服务。目前，深圳的驻队律师和重庆的流动演出等流动公共服务正是通过该运行模式得以运作。

（二）Ⅱ型（公益—志愿型）

公益—志愿型与现有的公益性社会组织提供服务的区别仅在于其供给方式的流动性，而在其他方面则并无明显的区别。与普通社会组织的供给理念一样，公益—志愿型运行模式的指导理念为志愿精神与公平意识，公共服务型社会组织则是流动公共服务的供给主体，社会弱势群体和偏远地区则是其主要的服务对象。从公共服务的职责体系来看，公益—志愿型运行模式更多的是对其他三种模式的一种补充，因为无论与政府部门提供公共服务相比还是与互益型社会组织提供公共服务相比，公益—志愿型运行模式都将社会和谐与人民幸福作为核心目标，故而更多地关注那些其他运行模式无法顾及的群体和地区。目前，深圳律师协会主动提供的跨省巡回流动法律服务是典型的公益—志愿型运作模式，而其他一些以医疗、教育为主要职能的社会组织提供的巡回式服务也在此列。

（三）Ⅲ型（权威—自觉型）

权威—自觉型运行模式是政府行使公共服务职能的手段多样化体现之一，同时也是政府服务理念转变的产物。权威—自觉型运行模式奉行主动上门的理念，强调公共服务的需求导向，以主动上门服务为行为指导，通过整合部门的资源在关键领域提供公共服务。权威—自觉型运行模式旨在通过政府的公共服务供给手段创新实现公共服务的机会均等和过程均等，促进服务型政府的建设。值得一提的是，权威—自觉型运行模式主要在一些关键的公共领域提供服务，例如社会治安服务、医疗服务等。这些领域的公共服务由于一定的特殊性而很难由其他主体参与供给。目前，权威—自觉型运行模式的提供手段和领域多样，例如流动司法所、流动科技馆、乌兰牧骑、流动警务室等。

（四）Ⅳ型（权威—回应型）

权威—回应型运行模式改变了过去群众被动接受公共服务的现状，探讨如何能够将公共服务的需求实现从“民间”到“政府”的逆向转化与上传。权威—回应型运行模式，顾名思义就是以政府部门为提供主体通过流动公共服务的形式满足溢出的公民需求。可以说，权威—回应型运行模式是流动公共服务主动服务中的“被动响应”。由于政府部门的能力和精力有限，难以满足所有的公共服务需求，因而在某些需求溢出被政府发觉后通过流动公共服务的供给方式来解决。目前，政府部门的流动小药箱、流动图书馆等供给方式均属于权威—回应型运行模式。

第三章　流动公共服务：典型案例及社会治理实践

与其他公共服务供给方式不同之处在于，流动公共服务更多地体现出源于实践的特征。目前，我国已有 20 多个省（区、市）内开展了形式各异的流动公共服务供给实践，300 多个地方政府的实践做法为流动公共服务的体系构建及类型学分析提供了大量的素材和灵感。本章将以前文的流动公共服务类型学矩阵模型为依据，从四种不同的流动公共服务供给类型视角下探讨其中的典型做法和代表性的实践手段。

第一节　基于公益—参与型的重庆市流动文化服务

作为流动文化服务推广最为成功的地区之一，重庆市政府在流动文化服务领域积累了大量的先进经验。作为一个人口基数庞大、地理条件复杂的城市地区，重庆市政府依靠流动文化服务供给成功地破解了重庆市由地理环境造成的文化服务供给不便的难题。

一、重庆市流动文化服务的简介

重庆市作为我国的直辖市之一，位于中国内陆西南部，总面积 8.24 万平方千米，辖 38 个区县。作为一座历史文化名城，重庆市早在旧石器时代就已有人类活动的痕迹。2018 年，重庆市的地区生产总值约为 20000 亿元。[①] 在这样一座面积狭小、人口众多的城市，文化服务的供给成为政府部门的首要任务。

作为一座历史文化名城，重庆市有着以巴渝文化和涪都文化为主线的优秀传统文化，以及独特的方言、饮食文化，还有传承了千百年的赶庙会、坐花轿、祭祖、观灯等传统民风习俗。截至 2014 年，重庆市已有国家级非物质文化遗产 44 个、市级 388 个[②]。因此，重庆市在传统文化保护和发扬方面存在着巨大的需求。

重庆市目前有常住人口 3100 万人，并且分布着 55 个少数民族。以土家族和苗族为主要群体的少数民族有着自身独特的民族文化，作为亚文化的少数民族文化与以汉族文化为根基的主文化相比存在一定的需求和特征差异，土家族的图腾崇拜和祭祀正是其独特文化需求的典型例证。与汉族文化不同的是少数民族有着自身的文化需求，从而造就了文化服务需求的多层次性。

从地理环境来看，重庆市的文化服务供给存在一定困难。重庆市位于我国的西南部，被群山环绕，与外界的交流沟通存在一定困难。而且，重庆市位于四川盆地东部，西北部和中部以丘陵、低山为主，东南部围绕大巴山和武陵山两座大山脉，坡地较多。以“山城”为别称的重庆市在公共服务的供给上存在一定困难。山区面积大，导致重庆市的社会经济发展不平衡的问题持续突出，同时也造成了文化服务资源的分布不均。这就造成了重庆市的文化公共服务在城乡、地区之间的不均等。

从文化服务的需求、供给和建设方面来看，重庆市政府急需一种新的公共服务供给方式以作为现有文化公共服务供给方式的补充。由于重庆市的地理环境限制加之文化需求的多层次性，重庆市政府需要一种灵活、主

---

① 资料来源：2018 年重庆市国民经济和社会发展统计公报，https：//www. cqrb. cn/html/cqrb/2019-03/19/010/content_227791. htm。

② 资料来源：重庆市文化委，http：//www. cqwhw. gov. cn/Html/1/zwgk/gkxx/zyxx/2014-11-20/14634. html。

动的文化服务供给方式来解决问题。2014 年，国家文化部印发了《关于加强流动文化服务工作的意见》，正式将流动文化服务作为文化公共服务供给的手段之一。2015 年，中共中央办公厅、国务院办公厅印发的《关于加快构建现代化公共文化服务体系的意见》提出，统筹推进公共文化服务均等发展，大力开展流动和数字服务，推动贫困地区公共文化建设实现跨越式发展，以数字文化服务和流动文化服务等为重点。该意见的出台进一步将流动文化服务作为贫困地区打通文化服务供给“最后一公里”的双重手段之一。因此，重庆市政府将流动文化服务作为解决文化服务供给问题的良方，从 2016 年开始集中地进行流动文化服务体系建设。2016 年，重庆市政府出台《重庆市国民经济和社会发展第十三个五年规划纲要》，提出要构建覆盖城乡的现代文化公共服务体系，并且要进一步优化文化资源的配置，加强公共文化设施建设。同年，重庆市政府出台了《推进基层综合性文化服务中心建设实施方案》，提出要创新服务供给方式，广泛开展流动文化服务，把基层综合文化服务中心建成流动服务点。而同年的《重庆市文化发展“十三五”规划》中明确提出为基层配置流动文化车，通过协同式服务提供文化服务，同时要建立公共文化服务效能评价机制。2016 年，以文化部的相关文件为纲，重庆市政府出台了关于流动文化服务的系列文件和办法，形成了以“构建文化服务体系—建立基层流动文化服务运行机制—确定流动文化服务供给方式”为逻辑的行动指南，并成功地开展了一系列流动文化服务，获得了人民群众的广泛好评。

从机制上讲，基于“在 2020 年实现城乡惠民文化服务网络的全覆盖，巩固全面建成小康社会的文化基础”这一目标，重庆市政府以流动文化服务为抓手，进一步推动和完善基层文化服务体系的建设。流动公共服务的供给，从本质而言是公共服务供给过程的流动，而非整个公共服务体系都要流动起来，因此流动公共服务也需要一定的载体和固定设施为依托。重庆市政府考虑到地区实际，采取了“三馆一站”的建设方式作为流动文化服务的供给依托。① “三馆”指的是文化馆、图书馆和博物馆，通过“三馆”的达标建设，流动文化服务才能实现资源整合，以便更好地提供服务。“三馆”的建设不仅提升了地方文化生活的基础，同时也采用流动公共服务的方式来扩大自身的服务半径和辐射范围。而“一站”指的是基层的公共文化服务中心。所谓的公共文化服务中心是基层文化设施的统称，一般由文化活动室、活动中心、文化广场和宣传栏组成。目前在我国，稍具规模的行政村内基本都有公共文化服务中心的配备。但在重庆市内，由于一些村落地理位置偏僻且居民居住分散，因此公共文化服务中心难以建立。而基层的公共文化服务中心的大力建设，可以更好地发挥其保障流动文化服务供给的堡垒作用。基层公共文化服务中心的建设，虽不能直接为那些偏远地区的村庄提供文化服务，但其可作为基层流动文化服务供给的依托点，从而起到间接供给的作用。通过“三馆一站”的建设，流动文化服务的内容和质量得以保证，并且可以在满足普通居民文化服务需求的基础上将服务半径扩大，把偏远地区居民的文化服务需求纳入考虑范围。

在公共服务领域，服务需求的识别与供给的匹配始终是首要之义。从现实情况来看，偏远地区和落后地区的公共服务需求往往难以识别，因此在公共服务供给方面可能存在供需不匹配的现状。流动公共服务虽然能够整合服务资源，并通过主动上门服务的方式进行公共服务供给。但若未能提前对供给对象的公共流动服务需求进行充分了解和掌握，那么供给主体不仅需要整合更多的服务内容以应对未知的需求，同时也可能造成供给无效的情况。重庆市的山地面积占比为73%左右，交通条件的苛刻导致那些山区和偏远地区的文化服务需求难以被精准地识别，因此重庆市政府另辟蹊径，通过网络技术解决了这一难题。随着“云移物大智”时代的到来，移动网络已经得到了普及。基于此，重庆市政府加强了文化服务的物联网建设，通过建立网上数字平台的方式来进行文化服务资源的配置。在数字平台上，相关部门会发布活动预告和清单，人们可以通过投票选择自

① 蒲庆．重庆市流动公共文化服务政策回应性评估［D］．重庆：西南大学，2018.

己想看的内容，也可以通过平台对每次的服务发表意见和建议。同时，数字平台本身具有一定的数据收集功能。通过数字平台的建设，重庆市政府实现了“百姓点单，政府配送”[①] 的流动文化服务供给现状，数字平台的使用不仅方便了政府部门对公民文化服务需求的收集和了解，同时也进一步增加了公民作为主体参与公共服务供给环节的渠道，数字平台积累的海量数据也为政府部门的大数据决策分析提供了数据基础。重庆市公共文化服务数字平台的建设，不仅提升了政府部门的服务质量和精确度，同时也形成了以公民需求为导向的文化服务供给模式。仅 2017 年全年，重庆市政府便依靠数字平台提供了近 3 万场次的服务。

以构建覆盖城乡的现代文化公共服务体系、实现公共服务均等化为核心目标，以“三馆一站”为依托和载体，以数字平台为具体的需求识别手段，重庆市建立起了基本的流动文化服务供给体系，并进一步开展流动文化服务的实践。在流动文化服务的供给过程中，衍生了一系列具体且具有鲜明特色的实践手段。首先，流动文化服务的供给考虑了年龄结构的文化差异，针对不同的年龄段群体提供具有差异化的服务。重庆市的流动文化服务供给并非将供给对象当作统一的群体来考虑，而是根据不同的年龄结构设置不同的服务内容。在针对青少年群体时，科技、讲座和校外活动等成为主要的服务供给内容；在针对中老年人群体时，文艺演出、电影等是主要的服务内容；而针对从事种植业的群体，科技宣传、书刊借阅则是更佳的选择。可以说，流动文化服务并未对服务对象一概而论，而是以精细化服务为理念，提供具有不同年龄特征的服务内容。其次，流动文化服务的供给在“流动”的基础上建立起“常态化”机制。与其他地区的流动公共服务不同的是，重庆市政府开展的流动文化服务实现了“流动”中的“固定”，建立起了常态机制，推进了城市和农村地区的“结对”机制。为了促进城乡文化服务的一体化，重庆市政府依托城市的文化服务资源开展了一对一“结对”活动，将电影、书籍等服务资源送下乡，并实现了常态

---

① 资料来源：重庆新闻网，http：//cq.cqnews.net/html/2017－07/11/content_42221005.htm。

化的机制，定期展开服务。再次，形成品牌，扩大影响力。重庆市在提供流动服务的过程中，逐渐将文化演出品牌化，形成了诸如“渝州大舞台”等品牌。从品牌效应来看，品牌的树立有助于扩大事物的影响力和扩散程度，同时也能进一步树立起企业或者政府部门的良好形象。流动文化服务的品牌形象树立，有助于人民群众进一步了解流动文化服务，同时也能提升政府部门的形象。最后，购买公共服务。虽然在习惯上我们早已将政府部门作为提供公共服务的天然主体，但从流动公共服务的角度来看，政府能提供的流动公共服务内容极其有限，其原因有二：第一，流动公共服务的需求较为广泛，服务对象规模的庞大性使得具备有限规模的政府力不从心。第二，政府部门需要平衡好流动公共服务供给与现有的公共服务供给。流动公共服务的供给需要将服务资源进行整合，这也意味着需要在现有的服务资源基础上进行分割。如果过度地强调流动公共服务，那么城市地区等普通人民群众的公共服务需求满足会受到一定程度的影响。基于上述考虑，政府部门采取购买公共服务的方式作为流动公共服务的供给手段。仅2017年，重庆市就已购买流动文化服务33000多场，送到8000多个行政村中。[①] 购买文化服务的方式不仅能够缓解政府压力，同时也能够为人民群众提供更加喜闻乐见的文化服务。

目前，重庆市的流动文化服务已经在全市38个区县内展开供给，通过“三馆一站”的建设，重庆市形成了以数字平台为抓手、以基层服务点为依托的流动文化服务供给体系。

二、重庆市流动文化服务的内容

（一）科技普及

科技普及是流动文化服务中的重要一环，它不仅涉及人民群众的知识素养提升，也与中华民族的伟大复兴息息相关。重庆市科协认真贯彻党的十九大精神，为进一步提升科普的覆盖范围，将“互联网+科普”作为要

---

① 资料来源：重庆日报网，https://www.cqrb.cn/content/2017-07/11/content_116445.htm。

求，以“五位一体”[①] 的现代科普体系为依托提供精准的科普服务。[②] 不难看到，以互联网平台为精准服务的依托、以流动服务为供给手段已经成为重庆流动文化服务供给的重要特征之一。在“五位一体”的体系中，流动科技馆和科普大篷车是其重要组成部分和供给手段。

早在2000年，考虑到乡镇、农村、社区等最基层公众的科普需求，中国科学技术馆就已开始研制Ⅰ型科普大篷车[③]（后续还有Ⅱ型、Ⅲ型、Ⅳ型四种科普大篷车，目前Ⅱ型和Ⅳ型是配发的主要车型）。2010年起，中国科学技术馆为深入贯彻《全民科学素质行动计划纲要（2006—2010—2020年）》，扩大科学技术知识在边疆地区、贫困地区的覆盖面，提升传播度，启动了“中国流动科技馆”[④] 的相关项目工作。[⑤] “中国流动科技馆”采用的是联合行动的供给模式，强调以中国科协为主管单位，以地方的科协和科技馆为具体执行单位。从“中国流动科技馆”项目成立以来，重庆市就积极响应号召，大力开展“中国流动科技馆巡展”工作。

“流动科技馆巡展”是以科普大篷车为载体的一种旨在科学普及的文化服务。从2015年起，重庆市永州区、合川区、万州区、荣昌区、云阳县、石柱县等地均展开中国流动科技馆巡展活动。在巡展活动开展前期，地方科协会进行操作培训、志愿者和讲解者培训等准备工作。随后，依托科普大篷车，流动科技馆可以一次性展出包括声光、电磁、数学、健康等7个主题在内的50多件互动展品。通过流动科技馆巡展，以青少年为主要群体的人民群众可以亲自操作科学仪器，从而进一步地了解科学知识和原理。在巡展的同时，流动科技馆的志愿者还会在现场发放科普宣传资料、开展科普咨询服务等，以不同形式进行科学技术的普及。人民

---

① “五位一体”指的是：实体科技馆、流动科技馆、科普大篷车、校园科技馆、数字科技馆。

② 资料来源：重庆晨报，http：//www. sohu. com/a/201491364_171986。

③ 科普大篷车由车体、车载展品、车载设备组成。以展示基础科学为主要内容，配备互动参与的车载展品、小型资源包、图书、科普音像宣传资料等。

④ “中国流动科技馆”是指具备科技馆的优秀展览教育模式和基本功能，采用小型化、模块化的互动展品及其他科普资源，在全国尚未建设科技馆的县级行政区域进行流动展出的公益性基础设施。

⑤ 资料来源：中国科学技术馆，http：//cstm. cdstm. cn/e/action/ListInfo/？classid = 274。

群众通过对科学技术的亲身体验，不仅可以了解到最基本的科学技术知识，同时也能在参与的过程中学习到一些生活中的健康知识以及基本的应急管理知识。可以说，中国流动科技馆巡展不仅能够提升人民群众的科学素养，同时也能将一些健康常识、应急知识等深入到群众中去，从而提高人民群众的生活质量。值得一提的是，目前重庆市的中国流动科技馆巡展活动仍然以中小学为主，旨在进一步提升青少年群体的课外活动丰富性和科学知识的储备。

（二）政策宣传

政策宣传是重庆市政府提供流动文化服务中的重要一环。重庆市 70% 的山区面积使得信息传递存在一定现实困境，而目前许多的公共政策体现出一定的复杂性和整合性，从而进一步提升了山区、农村等地区的公共政策理解难度。为了帮助这些地区人民群众更好地了解一些党、民政等方面的公共政策，重庆市政府通过多元化的形式开展流动政策宣传，从而加强人民群众对公共政策的了解，方便人民群众了解关乎自己切身利益的核心政策，也体现了政府“利民惠民”的宗旨。

重庆市每年都会开展“全市民政政策宣传月”活动，旨在宣传关于社保、儿童、医疗、婚姻等方面的政策。活动开展时，政府的工作人员会深入基层，通过宣传专栏、流动宣传车等形式进行政策的宣传和咨询，从而帮助人民群众增进对政策的了解。

考虑到群众喜闻乐见的文化服务形式，以及不同的地方文化水平，单一的流动政策宣传形式在落后及贫困地区显然难以开展。因此，诸如重庆云阳等地区开展了将政策宣传与其他文化服务形式结合的有益探索。重庆市有着重庆杂技艺术团、川剧院、歌剧院等市级文艺院团，这些文艺团体不仅能够提供高品质的文艺演出，同时也能够不断地进行文艺创造。与内蒙古自治区的乌兰牧骑一样，重庆市的市级文艺团体在文艺创作的过程中，会将一些党的方针政策等内容融入文艺节目中，形成一批展现中国特色社会主义鲜明特色的先进文艺作品。通过这些文艺作品，人民群众不仅享受到了文艺演出带来的精神愉悦，同时也在潜移默化中接受和了解党的方针政策。

重庆市渝北区则通过物质奖励的方式来激励人民群众主动了解政策、学习政策。与云阳县不同的是，渝北区在文艺演出中并没有将政策融入文艺作品中，而是通过现场举办的知识竞答活动来促进政策的宣传。知识竞答的题目内容多与政策相关，通过政策问答，许多村民得到了一些生活用品作为奖励。与其他形式不同之处在于，通过知识问答的形式人们会为了得到物质激励而大大提升主动了解和学习政策的积极性，从而使得人民群众对政策的了解和认识更加深刻。

除此之外，还有一些地区采用政策宣讲等方式展开政策宣传，在形式丰富多样的流动政策宣传手段下，广大的人民群众能够对关乎切身利益的社会保障、养老、医疗、婚姻等政策进行深入的了解，从而进一步维护人民群众的基本权利和核心利益。

（三）文艺演出

文艺演出是流动文化服务供给的核心内容，也是其他几项服务内容的现实载体之一。目前，提供文艺演出的主体除了政府的文艺团体以外，一些民间团体也逐渐开始承接文艺演出的工作。通过购买公共服务的形式，重庆市政府向民间演出团体购买一定的演出数量以进行流动文化服务的供给。但在承接工作之前，民间团体的专业程度和文艺水平是一个必须考虑的问题。因此，重庆市政府采取了专家评审制度，通过专家打分的方式，“流动文化服务进村”的组委会将对民间文艺团体进行遴选，并在最终的结果中确定购买服务的对象。与此同时，诸如开州区等地区从文艺团体竞争的角度出发进行遴选，开展了“百团争优”等文艺表演团体才艺大比拼活动。通过赛事，开州区文化和旅游发展委员会评选出“一、二、三星级文艺表演团体”。他们将走进乡村，成为政府购买流动文化服务活动的“主力军”。2019 年的“百团争优”活动中，共有 26 支队伍近 500 人参加了比赛。这样的比赛不仅为政府部门提供流动文化服务寻找承接对象，同时其本身也是一场文艺演出的盛宴，满足了人民群众的精神生活需求。通过这样的比赛，政府部门也能进一步规范演艺市场，推动民间的文艺演出事业发展，加强对民间文艺团体的监管和引导。[①]

通过市级的文艺团体和民间团体共同努力，重庆市为38个区县提供了精彩的文艺演出。仅2018年，重庆市的流动舞台车搭载的12个市级文艺院团就提供了演出3289场，累计服务人次300余万。通过群众喜闻乐见的演出方式和演出内容，文艺团体的演出不仅满足了人民群众的精神生活需求，同时也进一步提升了人民群众的文化素养。值得一提的是，一些非物质文化遗产保护项目的演出，不仅满足了少数民族的特殊文化需求，同时也通过演出的形式进一步使少数民族文化得到传承和发扬。

（四）展览

展览也是文化服务中的重要一环。重庆市作为一个文化名城，本身有着悠久的历史和传统文化，加之其山区和村镇较多，因此展览的主题以传统文化和国家政策为主。为了进一步弘扬传统文化，重庆市政府开展了文物图片展览活动，将文物普查过程中的一些文物图片进行展出。通过文物图片展出，人们可以进一步了解文物，同时也增强了文物保护和宣传工作，培养了群众的文物保护意识。同时，在抗战题材展览中，抗战遗址的开放、抗战英雄人物题刻等相关物品的展出让人们对中国共产党为实现中华民族伟大复兴而奋斗的过程更加了解。

随着一些国家惠民利民政策的出台，越来越多的人享受到更加优质的公共服务，但许多政策仍需要人民群众进一步了解以提升政策效果。随着2018年中央一号文件的出台，乡村振兴战略成为当前我国政府主要关注的领域之一，“产业兴旺、乡风文明、生活富裕、治理有效、生态宜居”的五大总体要求全面提升了农村地区的生活、生产水平。为了进一步推动乡村振兴战略在重庆市的贯彻落实，一些区县政府精心策划，聘请专家量身打造“文化助力精准扶贫”专题文艺演出活动，节目形式多样。坚持送演出与送展览相结合，丰富流动文化服务内容，多方收集整理、乡风文明、卫生知识、环境整治、扶贫典型事例等方面内容，以图文并茂的形式，制

---

① 资料来源：开州日报，http：//www.kxzc.cn/2019/0328/71967.shtml。

作“文化助力精准扶贫”主题展览。这些展览不仅提升了人们对于乡村振兴战略的认知水平，同时也进一步纠正了社会的不良风气，促进了乡风文明的建设。

（五）图书借阅

重庆图书馆流动图书车是重庆市政府文化惠民工程，于2012年5月“重庆市公共图书馆服务宣传周”期间正式启动，是图书馆延伸服务半径的一种方式。通过定期将图书车开到社区、街道、军营、机关、企业、学校等服务点，解决了市民因距离问题不能到馆借还图书的困境，也扩大了图书馆公益服务的辐射范围。

流动图书车实际上就是一个小型的“图书馆”，车内藏有2000余册图书、期刊及多媒体视听资料，并配置电脑、空调、音响、饮水机等设备，设置阅览座椅。可现场为市民提供“重庆市公共图书馆一卡通”读者证的办理，图书借阅、预约、咨询等服务，免费为重庆市民提供便捷的文献借阅服务，并能与主城九区公共图书馆互联互通，实现通借通还。同时，还可以归还主城九区公共图书馆借阅的通借通还的图书，大大地节省了路途时间，真正做到足不出户即可享受图书馆的资源和服务（见表3-1）。[①]

表3-1 重庆市流动图书车服务时间安排表

服务时间公告		
时间	**服务地点**	**到点服务时间**
星期一	休息	
星期二	集体外借点	9：00出车，16：00收车
星期三	机关、企业、学校	按协商时间到点服务
星期四	集体外借点	9：00出车，16：00收车
星期五	机关、企业、学校	按协商时间到点服务
星期六	社区、广场点	10：00~11：30
星期日	社区、广场点	10：00~11：30

① 资料来源：重庆市图书馆，http：//www.cqlib.cn/？q=node/44593。

通过表 3-1 可以发现，流动图书车每天会在不同的地点进行服务，从而方便了不同区域人们的阅览、借书还书的需求。

三、重庆市流动文化服务的影响

（一）“互联网+文化服务”优化群众生活

前文提到，重庆市的山区面积大，在公共服务供需方面存在一定矛盾，政府难以根据公民需求进一步配置公共服务资源。因此重庆市政府通过“互联网+文化公共服务”的形式进一步建立文化服务的物联网平台，从而提升文化服务的供给精准度和资源配置效率。物联网平台的建立，可以有效地将文化服务供给中的主体、对象、内容和相关资源进行整合，从而实现供给和需求的无缝对接。有资质的文艺演出团体可以将服务的内容放到平台上，而个人、企业等可以通过网上点单的方式预约想要的文化服务，从而实现“百姓点单，政府配送；网上预约，互联互通”的效果。通过物联网平台的建设，政府部门改变了过去“填鸭式”的供给，转向真正提供群众喜闻乐见的文化服务，实现了公共服务的供给侧结构性改革。

物联网平台的建设，进一步丰富了公民表达自我意见的渠道，缩短了文化服务供给主体和客体之间的距离，从而为优化群众生活打下良好的基础。

（二）购买公共服务，盘活民间资源

流动公共服务供给作为现有公共服务供给方式的一种补充，具有多元主体的特征，因此社会力量的参与不可或缺。在国家治理能力和治理体系现代化的背景下，社会治理创新进一步要求社会力量参与到公共服务的供给中来。社会力量参与文化服务的供给，不仅可以弥补政府提供公共服务的空白，同时也能够进一步推动政府的职能转变。政府通过整合资源与购买的方式实现公共文化产品的有效配送，将文化服务延伸到田间地头，在有效保障演出质量的同时，也进一步调动了民间的闲置资源，对民间文艺

队伍起到一定的扶持作用。①

（三）文艺演出提高精神获得感

习近平总书记曾多次强调“让人民群众有更多获得感”，而获得感不仅要从物质方面贴近民意，也要从精神层面实现提升。社会主义文化是人民大众的文化，是人民共建共享的文化。“构建公共文化服务体系是满足人民群众基本文化需求、保障人民群众基本文化权益、实现精神共同富有的迫切需要，是促进人的全面发展、实现人的现代化的必然要求。”② 随着社会的进步，人们的生活水平得到提升，由过去被动接受文化服务转变为主动参与和寻求服务。但目前在贫困地区和落后地区，文化基础设施较差，且人们主动参与文化服务较为困难。因此，流动文化服务的供给，通过各种形式将社会主义文化传播和弘扬到重庆市的每一个角落，不仅满足了人民群众的精神生活需求，同时也提升了人民群众的精神获得感。

（四）助力乡村“文化振兴与乡风文明”

在乡村振兴战略中，乡风文明是实现文化振兴的基础和重中之重。农村的文化基础设施较差、文化氛围不浓厚，许多文化服务需求很难得到满足。流动文化服务的供给包含了从娱乐方面到科学文化方面的广泛内容，切实地满足了人民群众的文化服务需求，提升了农村地区的整体文化素质，营造浓厚的文化氛围。同时，在文化服务提供的过程中有意地将社会主义文化和精神融入其中，对实现乡风文明起到巨大的推动作用。

（五）提升城乡文化公共服务均等化水平

公共服务均等化是我国政府公共服务领域要实现的最终目标和指导理念。目前，我国的公共服务仍然存在城乡、地区和群体方面的不均等现象。流动文化服务的供给，从本质上打破了文化公共服务资源在城市地区的固定局面，通过主动上门的方式将服务供给到那些尚未实现均等化的地区，让贫困地区和落后地区也能享受到和城市地区同等水平的文化服

① 资料来源：重庆日报（腾讯新闻网），https：//cq.qq.com/a/20170711/014271.htm。

② 资料来源：前线，http：//www.bjqx.org.cn/qxweb/n195957c621.aspx。

务，从而推动文化服务均等化的实现。

（六）推动民间文艺发展

重庆市的流动文化服务供给，从两方面推动了民间文艺发展的水平提升。第一，鼓励民间团体参与流动文化服务的供给。例如前文提到的“百团争优”，政府部门通过不同的形式吸引民间团体参与到文化服务的供给中来，不仅提升了文化服务的质量，同时也进一步推动了民间团体的发展，增加了其活力。第二，以政府为主导的流动文化服务旨在通过提供文艺咨询、弘扬传统文化等手段来促进民间的文艺发展。专业的文艺院团在每次演出时都会提供文艺咨询，为那些民间爱好者提供文艺方面的辅导。而且，在每一次的演出中，优秀的传统文化得以弘扬和传播，让更多的人享受和吸收优秀的精神食粮，从而促进民间的文艺发展。

第二节　基于公益—志愿型的深圳市法律援助服务

“1+1”法律援助行动是我国司法部主导的一项重要法律援助公益行动，旨在援助那些法律资源较为落后的地区。广东省作为法律资源较为丰富的地区，积极响应号召，主动开展“1+1”法律援助服务，为法律资源贫乏的地区送去了许多优秀的志愿者，进一步维护了当地的社会公平和人民的基本权利。

一、深圳市法律援助服务的简介

在我国，不仅是一些基本公共服务存在区位上的差异，诸如法律服务这样较为抽象的服务也同样存在差异。目前，我国的西部地区法律资源落后主要有三个原因。一是经济发展落后，难以吸引和留住政法人才。目前，我国的政法人才仍然较为稀缺，东部发达地区高额的薪金和丰厚的待遇使得西部地区在人才竞争方面缺乏竞争力。二是西部地区缺乏法律人才培训基地。目前我国法律专业一级学科博士点地区分布极为不均，51所具有法学博士授权点的学校中，华东地区和华北地区加起来有30所，而西部地区仅有2所，从地理位置上来看，呈现出一种东多西少的格局。且目前西藏、甘肃、青海、广西、内蒙古以及宁夏尚未拥有一所具有法学博士学位授权点的高校。高校缺乏法学博士点资格，意味着这些地区的法学教育要相对落后，由此可见，西部地区在政法类人才培育方面存在一定的不足。三是地理环境导致法律资源难以进入贫困地区和落后地区。在贫困地区和落后地区，由于经济发展落后且地理位置偏僻，考虑到服务半径和成本，司法所等法律服务设施难以建设。法律资源的落后造成了西部地区人民群众急需法律援助、合法权益无法得到保障的现状。因此，基于种种主观和客观因素，我国西部地区的法律资源较为落后，需要一种创新的法律服务方式来改变现状。

“1+1”中国法律援助志愿者行动是司法部、共青团中央、中华全国律师协会、中国法律援助基金会等部门共同发起，全国各级司法行政机关、律师协会①和广大律师共同参与的一项重大社会公益性民生工程，旨在通过行业互助和招募服务的形式，动员律师和法学院校毕业的优秀学子到全国无律师县或中西部律师人才短缺的地、市、县开展志愿服务，增强当地法律援助能力，为促进当地经济和社会发展，为构建社会主义和谐社会做出贡献。截至2017年，“1+1”行动已向中西部地区的392个县（区）派出1300多名法律援助志愿者，到西部贫困地区从事法律援助事业，做了大量卓有成效的工作，赢得了当地党委、政府和广大群众高度赞誉，得到了中央领导和司法部领导的高度肯定。目前已办理法律援助案件5.24万余件，开展普法宣传和法治讲座超过1.8万场，化解了上万起群体性矛盾纠纷，直接受益群众达1572万余人，为受援人挽回经济损失近30亿元。②

“1+1”法律援助行动虽然是由司法部和共青团中央等部门共同发起的，但其本质是一种公益、志愿活动，属于一种倡议而非强制性的活动。

---

① 按照民法规定，行为协会属于介于政府和企业之间的非营利组织。

② 资料来源：深圳律师协会网，http：//www.szlawyers.com/info/9ac52a3638992cb9f24f365c9242ea8a。

从2009年“1+1”法律援助活动开展之时，深圳市律师协会便主动响应号召，积极开展筹款行动，转发司法部的相关倡议。到2012年，深圳市律师协会正式发布“中国法律援助志愿者行动在深圳倡议书”，开始将志愿者招募作为主要工作，并开始逐年选派志愿者奔赴西部地区展开法律援助工作。

深圳市律师协会主要通过“1+1”法律援助志愿者行动（以下简称“行动”）来进行流动法律服务的供给。所谓的“1+1”，指的是通过自愿报名的方式选拔一名专业的志愿律师和一名大学生志愿者，而行动的具体内容主要是通过专业律师和大学生志愿者为律师资源短缺的地区提供法律服务。从2009年开展行动以来，广东省每年派出约15名志愿律师到我国的律师资源缺乏地区开展流动服务。目前，行动提供的流动法律援助服务涉及西藏、新疆、内蒙古、青海、甘肃、宁夏、贵州、云南等律师资源较为薄弱的25个偏远地区。① 不难发现，这些地区经济发展较为落后，地理环境十分特殊，不仅造成了法律资源的缺乏，同时也降低了法律服务的可及性。而每一次行动派出的志愿者律师服务周期为一年，在下一年行动会指派新的律师并确定新的服务地区。

近年来，深圳志愿律师在援助地积极开展法律援助、提供法律咨询、举办法律讲座、调解群体事件、化解社会矛盾、宣传普法等工作，切实维护了当地困难群众的合法权益，为促进当地政府依法行政与经济社会发展做出了积极贡献，得到了援助地党委、政府及百姓的高度赞扬和好评，受到了省市司法行政机关的表彰和认可。“1+1”中国法律志愿者行动旨在通过行业互助和招募服务的形式，为我国无律师县或中西部律师人才短缺的地方提供志愿服务，增强当地法律援助能力，为促进当地经济和社会发展、缓解人民日益增长的美好生活需要和不平衡不充分发展之间的矛盾做出律师应有的贡献。

---

① 资料来源：深圳律师协会，http：//www. szlawyers. com/info/be321371fbc849edafd75f46d4f92670。

二、深圳市法律援助服务的内容

（一）法律咨询和代书

志愿律师服务的地区法律资源缺乏，群众的法律知识普及程度不够，因此志愿律师的重要服务内容之一是为群众提供法律咨询和代书服务。在法律资源较差的地区，法律基础薄弱，加之地区经济发展落后，社会年龄结构失衡，因此造成年轻人进城定居，文化水平较低的人以及老年人、失能人士的数量越来越多。这些群体存在对法律的理解能力差、学习能力弱、咨询难度大等问题，当涉及切身利益时，往往难以主动寻求政府法律部门的帮助。正是基于这种现状，志愿律师会通过主动上门的方式提供法律咨询。值得一提的是，目前许多地方政府已经开展了流动司法所等业务，将现有的法律资源进行整合从而提供流动法律服务。流动司法所对地区的实际情况更加了解，而志愿律师可借助流动司法所这一载体共同开展法律咨询服务。

代书是指律师根据委托人的意志来代替其书写诉讼文书和其他法律事务文书的专业性活动。在志愿律师援助的地区，人们的文化水平较低，无法自己撰写法律文书。而且，由于法律资源的缺乏，许多人甚至难以找到律师来代书。因此，志愿律师代书能够为公民和法人提供法律帮助，保障其诉讼权利，维护其合法权益；宣传法制，提高公民的法律意识，教育公民遵纪守法；为人民法院立案和审判工作奠定良好的基础，促进诉讼的顺利进行。①

（二）办理法律援助案件

法律援助是一项扶助贫弱、保障社会弱势群体合法权益的公益事业，同时也是中国建成法治国家、小康社会的重要保障。在当前那些法律薄弱的地区，仍然还有一批由于自然、经济、社会和文化方面的低下状态而难以像正常人那样化解社会问题造成的压力、陷入困境、处于不利社会

---

① 资料来源：法学大辞典［M］. 北京：中国政法大学出版社，1991。

地位的人群或阶层，也就是所谓的弱势群体。作为司法制度的重要组成部分，法律援助通过向这些缺乏能力、经济困难的当事人提供法律帮助，使他们能平等地站在法律面前，享受平等的法律保护。而志愿律师上门办理法律援助案件，进一步解决了弱势群体因经济、文化压力而无法寻求常规的法律服务的问题。

针对法律资源薄弱的地区，法律援助有两种情形：第一种是请求国家赔偿、给予低保、发放抚恤金、发放劳动报酬等事项中因经济困难无法寻找委托代理人。在这一情形下，多为民事纠纷。在法律资源较为薄弱的地区，由于地处偏远且文化基础较差，多出现一些因低保、抚恤金等而产生的纠纷。同时，一些外出务工的人也有可能产生被拖欠工资的情况。第二种是刑事犯罪中的犯罪嫌疑人和受害者因经济困难无法寻找委托代理人。犯罪嫌疑人的情形在此不谈，而从受害者角度而言，许多人因经济困难无法寻求法律帮助，从而使得社会公平无法实现。不难发现，法律援助在法律资源薄弱地区的适用情形有两个重要的条件：一是经济困难，二是受援助对象因文化水平等难以自主寻求司法程序解决问题。目前，在这些地区，甚至有许多人对法律援助这一制度不了解，受制于文化和经济条件，在遇到需要司法程序解决问题的时候，他们只能选择忍气吞声。

志愿律师深入这些地区中，应首先使人民群众了解到法律援助这一制度的存在。通过志愿律师对法律援助制度的适用范围和情形进行宣传和解释，人们可以根据自身情况选择是否寻求法律援助，从而解决诉讼困难的问题。

（三）法律宣传

志愿律师服务的地区法律基础薄弱，需要进行宣传和开展讲座来对群众普及法律知识。以前文为例，我国的法律援助制度在党的十六大会议上就已明确提出。该制度旨在为经济困难群体提供法律援助，但现在仍有许多人对这项制度缺乏认知，甚至一些地区对拖欠农民工工资等违法行为都缺乏认识。法律资源的薄弱，不仅体现在法律基础设施、人才的缺失方面，也体现在人民群众的法律意识和法律基础知识淡薄等方面。法治国家的建设离不开依法治国的战略，而实现依法治国的前提是全社会懂法、知法、守法，依法办事。因此，对法律资源薄弱的地区进行法律宣传工作，不仅提升了这些地区的法律基础建设，也推动了依法治国战略的贯彻落实，进一步推动了小康社会的建设。

志愿律师在每一次上门服务的过程中，往往要伴随着法律宣传工作。一些志愿律师会选择通过发放法律宣传手册，或是通过现场举办讲座等方式来为群众普法。在志愿律师提供法律援助的过程中，往往会经历许多法律事件，这些事件也成为法律宣传的重要手段之一。通过志愿律师对亲身经历事件的讲述，能够让人们从生活中、实际中加深对相关法律知识的理解。

通过法律宣传，人们具备了基本的法律意识，学会了使用法律的武器来维护自身合法权益。同时，人们在日常生活中也将注意自身行为，远离违法犯罪。

（四）司法培训

志愿律师服务的地区多为我国西部偏远地区的最基层地区，这些地区由于条件有限且远离城市地区，因此在基层干部的选拔上缺乏优秀人才，导致基层干部文化素质不高、依法办事意识不强。为了增强基层干部的依法办事意识，一些地区由政法委牵头，从市、县的政法单位选派专人与志愿律师共同组成培训团，开展法律技能的专业培训。以云南金平苗族瑶族傣族自治县为例，志愿律师为乡政府领导和各部门工作人员、村民委员会主任、党支部书记及村民小组组长等共 600 多人进行授课。针对农村村组干部文化普遍不高的特点，志愿律师精心准备，课前编写了法律援助、社区矫正等方面的专题讲稿并制作幻灯片，通过案例分析的方法，深入浅出、图文并茂进行法律宣传和讲解。

通过司法培训，基层干部的法律意识得到了增强。同时，对基层干部的培训能够进一步强化其依法办事的意识，为基层干部在日常工作中依法解决纠纷、增强工作能力提供帮助。

（五）缓解社会矛盾

纠纷的出现具有不确定性和突发性，而且需要寻求司法机关的帮助加以解决，志愿律师的流动服务可以在家门口帮助调解纠纷，不仅提高了办事效率，同时也维护了社会稳定。

在法律资源落后的地区，纠纷的出现也是不可避免的，而地区内又缺少纠纷的不同观点表达平台和裁决机构以及冲突行为的抑制机关，往往会使纠纷和矛盾进一步升级成为社会矛盾，甚至造成公共冲突。从公共冲突的角度而言，冲突和矛盾源于主体间在利益、期望和目标上的差距造成的对抗性行为。冲突会进一步引发主体的对抗意识，并形成三角形扩散，最终导致群体意识的形成，形成严重的社会问题。

可以说，在这些地区，邻里之间的一些小事也有可能会引发巨大的社会冲突。由于法律资源落后的地区缺乏缓解社会矛盾的相关机制，因此这种可能性将会大大增加。志愿律师深入到人民群众中去，可以很好地作为冲突中的对立观点交流平台和不同利益的整合者。通过对事件的了解，志愿律师可以从中立客观的角度出发寻找引发冲突的根本原因。冲突造成了双方立场的对立，但其背后的利益有可能实现整合从而消除矛盾。因此，志愿律师可作为中立的调解第三方，帮助矛盾双方坐下来共同寻找满足共同利益的解决方案。退一步来讲，双方的矛盾已经不可调和，那么志愿律师也可以为双方提供法律咨询和帮助，从而防止双方寻找制度外的表达和解决方式，造成更加严重的后果。

志愿律师的法律援助行动，可以很好地缓解法律资源落后地区的社会矛盾，并将冲突控制在一定的规模之内。因此，志愿律师的行动对法律资源落后地区的和平长治具有积极的作用。

三、深圳市法律援助服务的影响

（一）促进了法律资源向落后地区的流动

公共法律服务体系的建设离不开基层法律资源的充分配置，而且只有将法律资源进一步下沉到人民群众中去，才能真正地实现法律服务均等化。党的十八届四中全会上提出，逐步解决基层和欠发达地区法律服务资源不足的情况要通过两条路径。第一是“筑巢引凤”，通过完善政策和环境来吸引优质的法律资源流动到欠发达地区。通过人才流动机制的建设，吸引一批高水平的法律专业人才资源到欠发达地区提供优质的法律服务。第二是开展法律援助志愿行动等工作。这是逐步解决基层和欠发达地区法律服务资源不足和高端人才匮乏问题的重要途径。要认真总结经验，不断增加招募人数规模，扩大覆盖区域，健全长效机制和工作规范，提高服务质量。

为了解决欠发达地区法律资源不足的问题，司法部《关于推进公共法律服务体系建设的意见》要求通过政府购买方式，向乡村选派律师或基层法律服务工作者担任法律顾问，逐步实现“一村一法律顾问”。各地相继出台政策，选派专业律师进村担任法律顾问。全面覆盖的社区法律顾问网络，应该在空间上覆盖所有城乡居民，在时间上保证人民群众能够享受全天 24 小时高效的法律服务。法律资源薄弱的地区多为欠发达地区，受财政资金限制，优质高效、供应充足的法律服务同时也必须是低成本的。因此党的十八届四中全会因时制宜地提出“推动法律服务志愿者队伍建设”以及“建立激励法律服务人才跨区域流动机制，逐步解决基层和欠发达地区法律服务资源不足和高端人才匮乏问题”。①

深圳市的法律援助服务正是基于法律资源薄弱地区经济欠发达的实际情况和人才流动机制缺乏的现状提出的。为了响应党的十八届四中全会提

① 资料来源：重庆日报，http：//fjrb. fjsen. com/fjrb/html/2017 - 06/13/content _ 1032804. htm? div = 0。

出的“法律服务志愿者队伍建设”，缓解法律资源薄弱地区的财政压力，保证法律资源向这些地区流动，深圳市采用了志愿服务的方式提供无偿的法律服务。可以说，通过深圳市法律援助服务的提供，不仅为法律资源薄弱的地区注入了大量专业的法律人才，促进了法律资源的流入，同时也进一步减轻了地方财政在法律服务方面的负担。

（二）维护了法律资源落后地区的公平正义环境

公平正义的社会环境离不开道德的约束，更离不开法律的制约。从本质上来看，道德约束仅仅是一种软约束，法律的制约才是刚性的底线。我国目前正处于改革的关键时期，全面小康社会的建成和精准扶贫、乡村振兴战略的交织实施进一步导致了利益多元化的问题，从而进一步加深了社会问题的复杂性。在法律资源落后的西部地区，尚未实现完全脱贫，乡村振兴战略也处于实施过程中，难免会造成许多社会矛盾和纠纷，甚至造成许多群体的利益对立和人民群众与政府不可调和的利益冲突。在这样的情况下，道德约束已经失效，只有通过法律的约束才能真正解决问题。深圳市法律援助服务派出的志愿律师能够深入到人民群众中去，从客观的角度了解和分析这些矛盾、纠纷，从而帮助处于纠纷和矛盾中的人们使用法律武器来合法地维护自己的基本权利。在法律资源薄弱的地区，由于法律基础较差，人们的法律意识和法律常识也较为缺乏，因此在某些纠纷和矛盾中往往会选择一些激进或破坏性的方式解决问题。志愿律师通过法律咨询、法律知识的宣传能够进一步地普法，培养人们的法律意识。而且，在转型期，由于政府资源配置的问题往往会产生一定的弱势群体，志愿律师通过对这些群体提供法律援助服务帮助其争取到公平、合理的权利，也进一步推动了社会公平的实现。可以说，志愿律师通过流动法律服务的手段，为弱势群体争取权利提供了法律援助，从而为法律资源薄弱地区的社会公平和秩序重构打下法律基础。

（三）减小了法律资源落后地区的公共冲突可能性

相比于其他地区，法律资源落后地区的公共冲突发生可能性更大，其原因有四：第一，法律资源落后地区多为经济欠发达地区和偏远地区，地区内基础设施建设不足，整体文化基础较差，因此导致人们的法律意识淡薄，在遇到问题时并不会考虑采用法律手段解决问题。第二，法律资源落后地区的法律基础设施和服务较差，在产生冲突和矛盾时，人们寻求法律途径解决问题的难度和成本较大。第三，在涉及政府与人民群众的矛盾中，由于这些地区的基层干部素质不高、依法办事意识较差，往往依靠人情、经验做决策，从而加深了人民群众与政府之间的隔阂，甚至引发进一步的公共冲突。第四，从公共冲突的三层次角度而言，我国的政府多采用冲突处置的手段化解冲突。冲突处置旨在将冲突直接控制在一定规模内，更加强调消除冲突造成的危害，而并未对产生冲突的深层原因进行考虑。而这些深层原因往往会促使本来简单的矛盾进一步加剧升级，导致公共冲突的发生。

深圳市的法律援助服务派出的志愿律师能够在一定程度上减小法律资源落后地区公共冲突的可能性。第一，志愿律师提供服务的内容中，法律宣传和咨询是一个重要的组成部分。当人们遇到纠纷和矛盾时，便可以向志愿律师咨询，从而选择依靠法律途径维护自己的利益。第二，志愿律师本身作为法律服务人员，具有代书、代理诉讼和法律援助职能，这在一定程度上缓解了这些地区法律基础设施建设不足的情况，让那些想要通过法律途径解决矛盾的人能够寻求到法律的帮助。第三，志愿律师对基层干部的司法培训，能够进一步加强基层干部的依法办事意识，从而防止因基层干部的决策损害人民利益和办事风格的随意性产生冲突。第四，志愿律师深入到人民群众中去，能够了解到其最根本的利益，从而提供调解等服务。在调解过程中，志愿律师能够为矛盾双方提供平等协商的平台，从而促使双方寻找矛盾背后的共同利益，进一步化解矛盾。

（四）推动了法律资源落后地区的法治社会建设

党的十八届四中全会明确提出要建设“法治中国”这一新的目标，要求实现“法治国家、法治政府和法治社会的一体化建设”。而法治国家、法治政府的建设离不开法治社会的基础，只有做到全社会人人知法、守法，才能真正实现法治中国这一目标。从宏观角度而言，法律资源薄弱的地区正是“法治中国”建设的重中之重。

深圳市法律援助服务派出的志愿律师，在一定程度上推动了法律资源薄弱地区的法治建设。首先，志愿律师的法律宣传和咨询改变了过去的普法形式，实现了法律知识和法律意识的双重培养。以往的法律宣传和普及活动仅仅注重法律知识本身，而忽略了人民群众法律意识的培养。而志愿律师在法律宣传和咨询中，往往深入到群众中去，从群众的角度出发解决问题。同时，志愿律师在宣传和咨询的过程中，常以那些亲身经历的实例来增强宣传和咨询效果，从而使人们从发生在身边的真实案例中潜移默化地培养法律意识。其次，志愿律师的现场办公将法治教育和实践相结合，让人们从实际的法律事务中理解和感受法律。过去的法治教育以宣讲等形式为主，对于文化素质较低的群体效果较差，且缺乏一定的生动性和趣味性，导致法治教育的效果不好。志愿律师在法治教育的过程中，往往还要在现场办公，提供法律援助、代书、代理诉讼和调解等服务，这就为人们理解和认同法律提供了最好的实践。通过亲身感受志愿律师的法律事务，人们能够加深对法律的认识。再次，志愿律师促进了法律服务的均衡发展，进一步普及了法律援助。志愿律师本身就是一种法律资源，因此志愿律师到西部地区进行法律志愿行动进一步促进了法律资源的均衡发展。且志愿律师能够将法律援助主动提供给需要帮助的弱势群体，进一步普及了法律援助。最后，志愿律师对基层干部的培训进一步规范了基层公务员的行为，从而起到表率作用。志愿律师对基层干部的培训进一步加强了其依法办事的意识，也在一定程度上规范了基层官员的行为，防止腐败情况的发生。基层官员的规范和守法行为会在地区内形成模范效应，从而促进地区内整体守法的行为规范。

第三节　基于权威—自觉型的内蒙古乌兰牧骑

发端于内蒙古大草原的乌兰牧骑，是内蒙古自治区内重要的流动文化服务表现形式之一，承担着丰富内蒙古广大农牧民的精神生活、弘扬优秀文化的重要任务，目前，乌兰牧骑不仅在内蒙古取得了非凡的成绩，同时也在全国各地逐渐发扬。它不仅是社会主义文艺战线的一面旗帜，是内蒙古享誉全国的文化品牌，更是一座有丰富精神内涵的文化宝库。

一、内蒙古乌兰牧骑的简介

60 年前，全国第一支乌兰牧骑诞生了。乌兰牧骑建队之初，装备是简陋的，一辆马车，两块幕布，几盏汽灯，两顶帐篷；队员没有经过专业训练，是“具备初步的民间歌舞和艺术知识者”，按照今天的标准，只是基层“文艺爱好者”。苏尼特右旗第一批 9 名乌兰牧骑队员中，有旗政府科局干部，有小学教师，还有牧民。就是在这样的主客观条件下，他们笑对酷暑严寒、莽原沙海，和广大农牧民同吃、同住、同劳动，将“哪里最需要，哪里最偏僻，就到哪里献歌献舞”作为目标，不讲条件，不计名利，牧场毡包、田间地头、林场哨卡、厂房车间，甚至乡亲的炕头，都是他们的舞台。万人剧院不怯场，一位观众不懈怠。他们个个身怀绝技、一专多能，每个队员至少掌握 4 种以上表演技能，在 2 至 3 小时的演出中，每个队员都能表演一二十个节目。他们身兼数职，坚持演出、宣传、辅导、服务的建队宗旨，时刻将群众冷暖记在心上，不仅送去欢乐的歌舞，还送去了图书、药品、邮件，群众称他们是“八大员”——社员、宣传员、演员、保健员、理发员、投递员、炊事员、售货员。他们成为党和政府联系群众的纽带，是播散欢乐的使者，是沟通草原和世界的桥梁。人民群众用最朴实的话语表达了对他们的敬重和喜爱——“玛奈（我们的）乌兰牧骑”。

内蒙古自治区文化局根据乌兰牧骑的最初构想，经过充分调研后，于1957年5月27日正式制定了《乌兰牧骑试点计划》，拟定了《乌兰牧骑工作条例（草案）》。乌兰牧骑的基本任务是：配合牧区政治、经济的发展，根据牧区的民族的特点，宣传社会主义思想，宣传党和政府的政策、法令和时事；辅导群众文化工作；普及科学知识；运用灵活多样、生动活泼的民族民间传统的文化艺术宣传形式，如数来宝、说书、歌舞、戏剧、幻灯、图片、报刊、图书等，为牧民群众进行演出或服务；搜集、整理民族民间文化艺术遗产等。从1957年5月28日至6月17日，乌兰牧骑试点工作首先在群众文化工作比较活跃的昭乌达盟翁牛特旗和锡林郭勒盟苏尼特右旗进行。自治区文化局抽调7名同志组成试点工作组，参加和指导了苏尼特右旗的试点工作。乌兰牧骑继承了抗日战争、解放战争时期根据地文工团、宣传队和内蒙古文工团的红色文化基因，坚定践行了党的文艺思想，用实际行动诠释了社会主义文艺为人民服务的宗旨和方向，正如新华社在1964年的一篇通讯中所说："乌兰牧骑这个名字已经远远超过了它本来的含义，它已成为全心全意为人民服务，特别是深入农村为亿万农民服务的代名词。"1964年《人民日报》在"四赞"乌兰牧骑的短评中，盛赞乌兰牧骑是"文艺战线上的好战士""为广大的文艺工作者树立了榜样"。①

一直以来，自治区各级党委政府和文化主管部门都是乌兰牧骑建设发展的强大后盾。在乌兰牧骑创立之初，根据全国少数民族文化工作会议精神和乌兰夫同志的重要指示，自治区文化局于1957年5月27日颁布了《乌兰牧骑试点计划》和《乌兰牧骑工作条例（草案）》，对乌兰牧骑的性质、任务、活动原则和活动方法做了明确规定，为乌兰牧骑建设指明了方向。随着改革开放的深入推进，1985年8月28日，内蒙古自治区政府颁布《乌兰牧骑工作条例》，为乌兰牧骑工作的长足发展提供了政策保障。2017年11月21日，习近平总书记给内蒙古苏尼特右旗乌兰牧骑队员们回

① 资料来源：内蒙古新闻网，http：//inews.nmgnews.com.cn/system/2018/11/20/012603908.shtml。

信发出后，自治区党委政府及时出台《关于深入贯彻落实习近平总书记重要指示精神 加快推进乌兰牧骑事业发展的意见》，明确规定“旗县乌兰牧骑为公益一类科级事业单位”，强化了乌兰牧骑的公益属性和职能定位。自治区各盟市、各旗县区也分别结合本地区实际和乌兰牧骑建设需求，在政策、资金、人力、物力等方面给予倾斜，形成了推进乌兰牧骑事业健康发展的强大合力。

乌兰牧骑以服务农牧民为职能使命，以一专多能为业务要求，以草原牧区、田间地头为演出场所，进入新时代，乌兰牧骑事业也同样在持续发展进步。

在机构设置方面。全区现有 75 支乌兰牧骑队伍，其中包括 71 支旗县乌兰牧骑，3 支盟市乌兰牧骑，1 支自治区艺术剧院直属乌兰牧骑，形成了以旗县乌兰牧骑为主体、盟市乌兰牧骑为骨架、自治区艺术剧院直属乌兰牧骑为龙头的三级乌兰牧骑布局体系。全区现有 60 支基层乌兰牧骑为全额拨款事业单位，14 支基层乌兰牧骑为差额拨款事业单位。在机构规格上，3 支盟一级乌兰牧骑中，兴安乌兰牧骑为副处级，锡林郭勒乌兰牧骑、阿拉善乌兰牧骑为正科级；其余旗县乌兰牧骑有 21 支为科级，50 支为股级。

在财政保障方面。一是建立了经费投入长效机制。2014 年，自治区设立了乌兰牧骑基层惠民演出补贴奖励经费 1660 万元，惠民演出专项补贴每年 20 万元，并对惠民演出工作成绩突出的乌兰牧骑进行再奖励，多数盟市、旗县也相应设置了专项补贴，有效提高了惠民演出服务的总量和质量，进一步丰富了农牧民群众的精神文化需求，基本实现自治区公共文化惠民服务全覆盖。二是大力改善演出设施。各地加大财政投入，办公场地、排练场地、演出场地得到了极大改善。2017 年，自治区财政拨款 5250 万元采购 75 辆大巴车保障下乡惠民演出，解决了下乡演出“无腿”的问题。

在队伍建设方面，目前全区基层乌兰牧骑共有 3119 名队员，其中正式在编在岗的人员有 1828 人，占乌兰牧骑队伍总人数的 58.6%；聘用人员有

1291人，占乌兰牧骑队伍总人数的41.4%。多地广开渠道吸纳区内外优秀的艺术人才，通过政府购买社会管理和公共服务岗位的形式招聘编外人员，编外人员基本实现了同工同酬。注重加强人才培养，健全培训机制。初步建立了全员轮训长效机制，3年间全部队员都能参加为期半年的轮训班；自治区政府积极与中央民族大学、中央音乐学院、内蒙古大学等院校合作，开展了针对编导创作、一专多能等方面的培训。同时也妥善安置了老队员。一些地区在核定编制数不变的情况下，在尊重个人意愿的前提下，把连续工作15年以上的专业舞蹈演员安排到社区服务中心、文化馆（站）、非遗中心、图书馆、美术馆等对口事业单位，并保留了原有的职称待遇。

二、内蒙古乌兰牧骑的内容

2017年习近平总书记给乌兰牧骑回信以来，乌兰牧骑在自治区的文化服务领域已然承担着越来越重要的角色。乌兰牧骑在内蒙古自治区内承担着为广大农村牧区提供文化服务、弘扬传统文化的重要作用，其主要服务的内容有五大方面。

一是演出服务。演出服务不仅是乌兰牧骑的主要服务内容，也是其建立的主要原因之一。乌兰牧骑通过考试招收专业的演出人员，每年通过主动上门的方式为农村牧区进行文化演出，从而满足农村牧区的居民文化生活需求。目前，随着农牧区居民生活水平的提高，人们对于精神层面的需求越来越多。由于农村牧区的居住分散且分布偏远，因此在农村牧区建立诸如“小剧场”等文化设施需要投入大量的成本，同时也由于服务覆盖半径的问题导致行政成本的提升和资源的浪费。因此，乌兰牧骑整合了专业队伍，通过主动上门的方式提供演出服务。内蒙古自治区的乌兰牧骑与其他省市流动文化服务的供给有着异曲同工之妙，值得一提的是，诸如重庆市等地区在演出前往往通过网上点单的方式让居民针对想观看的演出内容进行投票，从而确定演出的内容。

乌兰牧骑常年奔波在内蒙古大草原的苏木、嘎查、浩特，为广大农牧民送歌献舞，满足他们基本的文化需求。正像习近平总书记信中所写，一代代的乌兰牧骑“迎风雪、冒寒暑，长期在戈壁、草原上辗转跋涉，以天为幕布，以地为舞台，为广大农牧民送去了欢乐和文明，传递了党的声音和关怀”。即使在农村牧区广播电视已经遍布千家万户、多功能文化站基本普及的今天，每支乌兰牧骑队伍每年依然要深入基层活动 6 个月以上，为基层群众演出 100 场以上。

二是宣传服务。在农牧区内，由于居住分散，基层党组织建设也受到了影响，且政府部门对农牧民的思想动态的掌握也有一定难度。因此，通过乌兰牧骑，专业队伍不仅提供演出服务，同时在演出过程中也进行宣传工作。在演出中，乌兰牧骑队员经常将优秀的文化和精神以潜移默化的形式向群众进行宣传。在演出后，乌兰牧骑也会深入到人民群众中，通过发放传单、访谈等方式宣传国家的大政方针、党的先进思想等，诸如乡村振兴、精准扶贫等战略。由于农牧区的信息落后，因此乌兰牧骑的宣传显得尤为重要。

20 世纪五六十年代，内蒙古的广大农村牧区交通不便、信息不畅，农牧民往往不能及时、全面了解党和国家的方针政策。因此，从成立之初，乌兰牧骑便承担着向广大农牧民宣传政策的光荣使命。他们通过自编自演的节目，采用农牧民喜闻乐见的艺术形式，将党和国家的方针政策、社会主义思想、爱国主义精神、时事政治、民族文化等内容用农牧民容易接受的语言和形式反映和表达出来，在满足农牧民基本文化需求的基础上寓教于乐，丰富了农牧民的思想，拓宽了他们的知识面和视野。艺术是精神的载体，而每个时代都有每个时代的精神。早期的乌兰牧骑，借助艺术演出宣传党和国家的方针政策，传播社会主义思想、爱国主义精神、民族文化等内容。进入新时代，作为公共文化服务的组成部分，乌兰牧骑在其艺术创作演出中要以社会主义先进文化为前进方向，以社会主义核心价值观为引领，传播当代中国的价值观念，传播中华民族的伟大精神，传播中华优秀传统文化，传播新思想和正能量，从而启迪基层群众的思想，丰富他们的心灵，引导农牧民形成健康向上的生活方式，进而凝聚他们的力量，更好地进行生产和建设。如阿拉善左旗乌兰牧骑就在下乡演出的基础上，开设了微信公众平台，利用信息化手段推送主旋律、正能量的演出视频，线上线下同时进行时代精神的传播。①

三是辅导服务。乌兰牧骑的队员虽然招收的都是专业人员，但从实际的需求来看，“一专多能”才是乌兰牧骑队员应当具备的素质。为了培养基层的文艺人才，在演出之余，乌兰牧骑队员会根据自己的专业技能为当地的农牧民提供文艺方面的辅导服务，诸如演奏乐器、歌唱等。而且，一些乌兰牧骑队员还会对当地的农牧民进行生活、生产方面的指导。一些业余文艺爱好者，茶余饭后或牧闲季节经常自发进行艺术创作和表演。乌兰牧骑每在一个地方演出后，就会有当地的业余文艺爱好者向他们请教，请他们指导，久而久之，辅导群众的业余演出和创作活动就成为乌兰牧骑的一个重要功能。乌兰牧骑的艺术教育应该分为两个层面：第一个层面，通过文艺表演、艺术讲座、参观排练等形式，向广大基层群众普及艺术知识，提高他们的艺术欣赏水平，便于他们能深入理解节目所蕴含的精神和文化内涵，与此同时提升他们的艺术素养，培养他们的参与意识，满足他们的文化消费需求；第二个层面，与基层文化馆（站）共同承担辅导农牧民业余文艺爱好者、民间文艺社团组织的工作，协助他们创新节目内容和表演方式，帮助他们提高专业水平，使他们成为公共文化服务的有益补充，共同营造基层文化艺术活动繁荣发展的氛围。

四是服务于群众。乌兰牧骑虽然主要承担文化服务的职责，但从整体情况来看，除了基层政府以外，乌兰牧骑是最接近农牧民群体的政府工作者。因此，乌兰牧骑在提供文化服务的同时，也承担着一定的基层服务职能。内蒙古自治区内许多乌兰牧骑队伍在演出之余，会深入农牧民家中，帮助农牧民修理电器、修缮房屋、养殖牛羊，甚至缝补衣服。这些服务与乌兰牧骑深入基层这一事实是分不开的。在下基层演出期间，因为一直与农牧民同吃同住，所以乌兰牧骑队员自然而然就会帮助农牧民做一些力所能及的事情，如理发、照相、修理收音机和农具等，后来又拓展到帮

---

① 刘筠梅，穆榕．论乌兰牧骑在新时代的重新定位及功能转化［J］．内蒙古艺术，2018（4）：4-8.

农牧民从城里代购图书、代购药品及生活必需品等，服务的功能逐渐确定并一直扩散和传承下去。不断开展灵活多样的文艺演出、文艺辅导、政策宣传、医疗服务、科技服务等综合性惠民服务活动，让农牧民群众真正享受到“文化民生”带来的美好生活。

五是创作服务。随着社会经济的不断发展，人民群众的生活水平日益提高，且社会也在快速变化。因此，乌兰牧骑必须在演出过程中不断地更新演出内容才能适应不断发展的文化需求。乌兰牧骑在演出过程中，不断地进行创作，将传统文化与社会主义核心价值观等内容结合起来，不断地满足农牧民的精神生活需求。扎根生活沃土，创作出更多农牧民喜闻乐见的好作品。开展多种演出活动，邀请全国知名文艺工作者同乌兰牧骑队员、编创人员共同创作采风、进行公益演出，提升创作水平。

“以人民为中心的创作导向”这一文艺观，是习近平新时代中国特色社会主义思想的重要组成部分。习近平总书记在文艺工作座谈会上的重要讲话以及关于“以人民为中心”的文艺问题系列重要讲话，为新时代社会主义文艺发展指明了方向，为广大文艺工作者提供了文艺理论根据、文艺创作准则，明确了文艺为社会主义服务、为人民服务的宗旨。坚持以人民为中心的创作导向的精神实质，就是牢固树立以人民为本的思想理念，在创作、演出、服务等一切文艺活动中，把人民作为文艺表现的主体，以满足人民群众精神文化需求作为文艺和文艺工作者的出发点和落脚点，把人民作为文化审美的鉴赏家和评判者，把为人民服务作为文艺工作者的天职。乌兰牧骑坚持深入基层、体验生活，长期深入基层，为农牧民演出。乌兰牧骑的作品既要“讲真”，又要“讲实”，还要“讲准”。“讲真”就是深入基层，在思想和行动上解决真正深入下去的问题，防止走马观花；“讲实”就是体验生活、接触群众，要实实在在，与人民群众打成一片，解决好与人民群众的感情问题；“讲准”就是挖掘素材、提炼主题精准。同时，深入了解社情民意，从人民群众火热生活中挖掘素材、提炼主题，为满足人民群众的审美需求，把文艺创作长青之树深深扎根于人民群众之中。

三、内蒙古乌兰牧骑的影响

（一）创新了流动文化服务的供给方式

乌兰牧骑是流动文化服务的一种典型代表供给方式。首先，乌兰牧骑进一步提升了基层的人民群众文艺水平。通过演出服务，人民群众享受到了精彩的文艺表演，同时也在潜移默化中提升了自己的文艺水平。而且，随着乌兰牧骑在基层不断地提供文艺辅导服务，基层人民群众的文艺水平得到长足的发展和进步。一是创新了基层活动方式，结合农牧区公共文化服务体系建设，建立健全乌兰牧骑农牧区巡回活动网络。二是在为基层农牧民演出和服务的同时，充分挖掘和继承了民族民间文化遗产，丰富创作素材积累，提高艺术表现力，主动担负起民族民间文化艺术的传承和保护职责。三是利用新媒体开展演出服务，探索建立了网上乌兰牧骑，提升了文化服务的传播力、影响力。其次，乌兰牧骑极大地丰富了人民群众的文化生活。农村牧区与城市地区不同，交通和技术的限制使得农牧民并没有太多满足文化生活需求的手段。乌兰牧骑的出现，为人民群众提供了喜闻乐见的精神生活娱乐，与此同时，乌兰牧骑队员能够在服务的过程中贴近人民群众的生活，从而积累大量的创作素材。最后，乌兰牧骑是提高全民文化水平、促进社会主义精神文明建设的重要手段。社会主义精神文明建设需要城市地区和广大农牧区的通力合作才能实现，乌兰牧骑作为政府部门的文化服务提供者，在精神文明建设方面起到了重要的作用。

（二）传承并丰富了民族文化

乌兰牧骑在内蒙古草原上诞生，因而汲取了丰富的草原文化。与此同时，内蒙古又是一个多民族聚居的地方，各民族既保留了自己的文化特色，又共同打造了特有的内蒙古地区文化。乌兰牧骑在吸收各民族文化的同时，也承担着承前启后、改革创新、传播和发扬内蒙古文化的任务。乌兰牧骑对原有民族文化进行改造，既保留了民族文化的特色，又与时俱进，创作了许多符合当代人审美情趣的文艺作品，丰富了群众文化，得到了广大人民群众的喜爱。近年来，乌兰牧骑又创作了一系列话剧节目，将百姓身边敬业奉献、孝老爱亲的感人事迹搬上舞台，让基层观众情为所动、心为所系。如乌兰牧骑创作和表演的《顶碗舞》《美丽的草原我的家》等作品，都是在挖掘内蒙古民族文化资源的基础上，加以艺术化的表现，然后通过一代又一代乌兰牧骑的打磨和创新，形成与时俱进、闻名世界的艺术精品，再通过乌兰牧骑以及其他文艺团体的反复表演，从而使内蒙古的民族文化基因得到了有效传承和发扬。这些作品成为弘扬主旋律、传播正能量的重要载体，切实提高了宣传弘扬社会主义核心价值观的针对性、实效性。这些精心创作的剧目，不仅深入地宣传了党的惠民政策，形象地展示了新农村建设成果，而且讴歌富有时代精神的先进典型，有效传播正能量，对内蒙古自治区培育践行社会主义核心价值观起到了重要作用。

每个民族的文化都有其特点和价值。内蒙古地域广阔，生活着蒙古族、达斡尔族、鄂温克族、鄂伦春族等48个少数民族，各民族在发展过程中都创造了具有自身民族特色的群众文化。作为在群众中成长起来的乌兰牧骑，不仅发挥了继承和保护各民族独特传统文化的作用，还发挥着民族文化整合的作用，将原本存在于不同地域的文化要素整合到一起，并进行升华，形成了特有的内蒙古文化，体现了中华民族文化的多样性和统一性。文化是民族生存和发展的重要力量。内蒙古是农耕文化与草原文化的交界地和汇集地，也是一个多民族聚居地，在这里，农耕文化与草原文化和谐共处、共同繁荣，各民族文化融合发展，形成了独具特色的内蒙古文化。乌兰牧骑在进行艺术创作与表演时，势必要吸收各民族文化艺术的营养。

（三）拓宽了民族艺术传播路径

艺术的发展一方面依靠艺术本体自身品质的提升，另一方面则凭借传播路径的拓展，二者相辅相成、缺一不可。乌兰牧骑一直以来就承担着弘扬民族艺术的重要使命。随着社会的进步、科技的发展，送戏上门的传播方式已无法满足当前农牧民的需求。但是对于一些偏远落后的地区，送戏上门仍然是不可替代的传播方式，也是迄今为止最有温度的一种传播方式，它可以让基层群众近距离感受艺术，陶冶情操，传递党的关怀。一是充分利用各地建设的演出场所安排集中、定期演出，这类演出可以丰富农牧民冬闲期间的业余文化生活，提升群众文化艺术品位。二是要加强运用各种新媒体平台，利用微信公众号、手机 App 等与农牧民实现实时交流。由于受内蒙古独特的生态条件所限，建立之初的乌兰牧骑在传播方式上就是“以天为幕布，以地为舞台”，草原上、毡包里、田间地头等都可以成为演出场地。进入 21 世纪以来，我国在公共文化服务体系建设方面得到了长足发展，内蒙古各地区基本都建成了可供各类演出的多功能剧场，可以满足固定的集中演出。随着科技的发展，互联网和新媒体在艺术传播中的作用越来越突出，乌兰牧骑也通过建立微信公众号等形式及时线上推送演出视频，以丰富农牧民的业余文化生活。与此同时，送戏上门和面对面宣讲的形式仍然是乌兰牧骑最主要的传播方式。传播方式的多样性也对民族艺术的发展、增强民族团结、维护边疆稳定起到了积极作用。①

第四节　基于权威—回应型的内蒙古“草原 110”

内蒙古自治区地处祖国北疆，与俄罗斯、蒙古毗邻，拥有 4200 多千米的国界线和 36 万多平方千米的边境管理区，地广人稀，居民高度分散，交通、通信技术落后。积极加强管理手段、运行机制等方面的创新，加强边防信息化建设，已经成为内蒙古边防建设的当务之急，而“草原 110”正是边防管控和边境治安管理由“静态封闭型”向“动态开放型”转变的产物。

一、内蒙古“草原 110”的简介

我国与 14 个国家接壤，沿边有 9 个省（自治区），陆地边界线长 2.2

① 路广．乌兰牧骑对民族艺术传播的意义与价值［J］．传媒，2018（9）：57-58.

万多千米。随着经济全球化趋势飞速发展和区域间政治经济联系的加强，国家之间、边疆与内陆之间的交往越来越频繁，原来一些人迹罕至的边境地区逐步发展成繁华的联结通道和边境口岸，人流、物流、信息流迅速增加，边境走私、偷渡、非法越界、恐怖袭击等违法犯罪活动有所升级，边防管控和边境治安管理面临着新的严峻挑战。虽然近年来中俄、中蒙关系日趋缓和，但北部边疆不安全、不稳定、不确定因素仍然存在，走私贩私、第三国人员偷渡等跨国犯罪十分突出，人员和牲畜越界等边境涉外事件屡见不鲜，边防管控和边境治安管理面临越来越大的压力。

流动警务服务的核心理念是让公共服务特别是警务服务流动起来，更好地维护地方治安。具体措施包括流动警务服务供给设备上的改装、公共安全的相关宣传教育、巡警职责范围的变化以及新设“牧民哨兵”等岗位、建立流动警务室等。设备方面，为巡警配备一系列可随身携带且凸显流动性的设备，如对讲机等，并且普及了无线网络，使得巡查过程中可以随时收听警情并获取突发事件的具体信息。制度方面，制定流动警务室制度，使警务工作随流动警务室流动而流动，能够增强与当地居民的沟通，建立稳定的合作机制，提高对公民相关公共服务的回应性。同时，流动警务室更新了户籍系统等与居民生活息息相关的内容，有效地增加了对外来人员信息的了解程度，维护了当地治安。除此之外，将提高安全度的一部分重心置于对普法教育的宣传方面，通过制作系列教材、宣传片等安全教育相关材料进行宣传，大大提高了居民的安全意识。在部分地区如陈巴尔虎旗，针对牧区存在边境线且所处区域较为特殊的情况，推行“牧区哨兵”制度，建立“蒙古包哨所”，对部分所在地牧民进行相关培训，并为其配备维稳的器械和设备，使其在放牧的同时加强对边境安全的监管，及时向当地警务人员进行汇报，大大提高了公共安全服务的时效性。

“草原 110”，是内蒙古公安边防部队针对“边境地域辽阔、边民高度分散、交通通信不便、群众游动放牧”等特点，结合边境走私、偷渡、跨境、盗抢牲畜等犯罪逐年上升的实际，在借鉴城市 110 做法，兼容社会治安综合治理、社区警务、军警民联防等诸项功能的基础上，逐步创立的以公安边防派出所工作为平台，以流动、固定警务室为依托，以报警点为基础，以群防力量为辅助，以通信技术为支持的综合性新型警务模式。它具有防范打击、维护稳定、管理服务和抢险救灾等主要职能，受当地党委、政府和公安机关领导，由公安边防部门具体主抓，全面接受社会和群众的监督。

首先，“草原110”是在边疆少数民族地区践行“三个代表”重要思想、落实执法为民的务实举措。对于公安机关来讲，践行“三个代表”重要思想，核心在于执法为民。“草原110”的最直接作用与功能就是最大限度地维护广大人民群众的根本利益。内蒙古公安边防部队坚持“立警为公、执法为民”，从解决边疆各族群众在日常生产生活中经常遇到的最关心、最直接、最现实的困难和利益问题入手，探索建立了“草原110”新型警务工作模式。“草原110”拓展了政府的职能，把细致入微的服务延伸到了千家万户，在党和政府与人民群众之间架起了一座“连心桥”，成为密切党和人民群众血肉联系的重要纽带。越是在一些偏远艰苦、交通通信不便、人口高度分散的地区，“草原110”的作用就越大，人民群众对它的依赖性也越强。正是由于这种工作模式最能够贴近群众、最紧密地联系群众、最便于服务群众，因而得到了各族群众的一致拥护和好评，使其发展有了坚实的群众基础，显现出了巨大的社会效能和旺盛的生命力。

其次，“草原110”是落实科学发展观、构建边疆地区和谐社会和社会主义新农村新牧区的必然要求。以人为本是科学发展观的核心，稳定是和谐社会的重要标志，也是构建和谐社会的根本要求和保证。党的十六届五中全会突出强调建设社会主义新农村，明确了“生产发展、生活宽裕、乡风文明、村容整洁、管理民主”的新农村建设总要求。要在偏远落后的边境牧区落实科学发展观，构建以人为本的和谐社会和社会主义新农村新牧区，一个最基本的前提就是要保证各族群众有一个安定有序、友爱互助的社会环境。“草原110”的创建，集中体现了社会治安综合治理“打防结合、预防为主，专群结合、依靠群众”的指导思想，最大限度地凝聚和发挥了党委政府、公安机关、边防部队、人民群众等多方面的积极力量。“草原 110”不仅管治安，而且还管救助；不仅强化了打击防范手段，而且更加注重服务职能；不仅加强了社会治安综合治理，而且极大地促进了边疆民族团结和“两个文明”建设，成为内蒙古以平安促和谐的亮点和品牌，必将为构建和谐稳定的边疆社会和社会主义新农村新牧区奠定坚实的基础。

最后，“草原 110”是履行“三大政治和社会责任”、加强执政能力建设的重要载体。加强边境管控能力，改善边境治安状况，不仅关系到边民群众安居乐业，也关系到党的执政地位和国家的长治久安。“草原 110”正是内蒙古公安边防部队在边防管理和牧区现实斗争日趋复杂的新形势下，为了积极应对偷渡、走私、贩枪贩毒、内赶外盗牲畜等边境违法犯罪日益突出的新情况而产生的新举措。内蒙古边境牧区人员居住分散、交通通信不便、信息闭塞、游牧流动等生产生活特点，决定着其社会组织松散、信息反馈迟缓、防范意识差、防护能力弱、报案不及时等治安管理的难点。边境牧区要实现“发案少、秩序好、社会稳定、群众满意”的目标，就必须坚持打击与防范并举、治标与治本兼顾，重在防范、重在治本，坚持以打促防、打防结合，加快“打防控”一体化警务机制建设步伐。实践证明，警力下沉、警务前移、警员流动，提高群众的见警率和民警的控制率，既是增强驾驭社会治安能力的有效形式，也是今后治安管理工作和“草原 110”建设的重要发展方向。

二、内蒙古“草原 110”的内容

（一）“草原 110”结构功能

“草原 110”是以公安边防派出所工作为平台，以流动（固定）警务室为依托，以报警点为基础，以群防力量为辅助，以通信技术为支持，集管理、防范、打击、服务等多种职能于一体的综合性的新型边境管理警务模式。其区域联动主体主要包括公安边防派出所、流动（固定）警务室、报警点、联防队和通信网络（见图 3-1）。

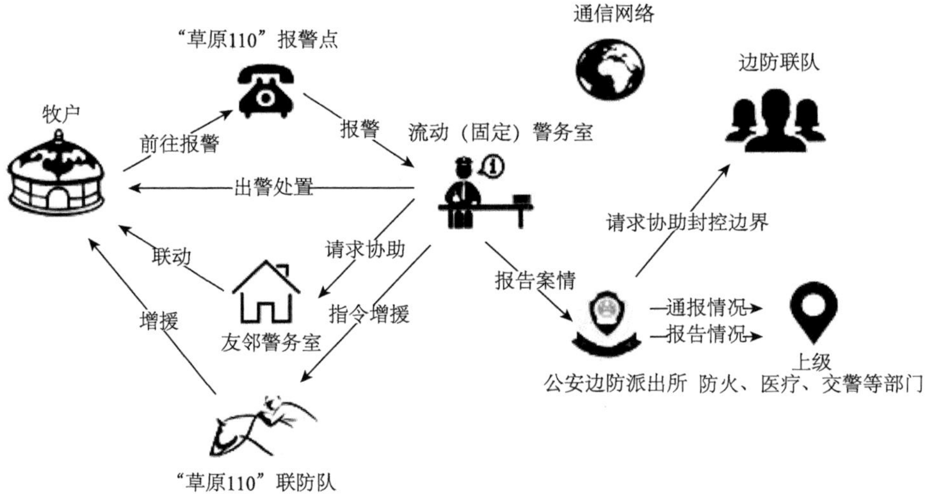

图 3-1 “草原 110”结构功能示意图

公安边防派出所是“草原 110”的平台，是公安边防部门打击犯罪、维护治安、服务群众、保一方平安的基层综合性战斗实体，是整个公安边防工作的根本以及政治稳定和治安稳定的第一道防线，是密切联系群众的窗口和纽带，对警务室、群防组织和报警点工作进行领导、监督和管理。

警务室是“草原 110”的重要依托，是公安边防派出所在警务区派驻力量的办公场所，是联系、服务群众的窗口和纽带，履行公安边防派出所的部分职能。警务室分为流动警务室和固定警务室两种。其主要职责是管理警务区内的实有人口，收集情报信息，进行治安管理、边境管理、安全防范、执法办案和服务群众等工作。流动警务室是指其管理服务对象具有流动性的警务室，主要设在距边防派出所较远、人员临时聚居并且治安管理任务相对较重的地区。流动警务室所选用的载体主要有蒙古包、动力方仓、牵引方仓三种。蒙古包式流动警务室，主要用于边民走场放牧的牧点或接羔点等地方，它不仅便于移动，还能够紧贴牧民生产生活的实际。其特点是：轻便、简单、经济、实用，突出体现跟进管理、贴近服务，同牧民群众面对面，零距离接触。动力方仓式流动警务室，主要用于对距离边防派出所较远、交通通信不便的边境重点地段、重要通道实行机动性管控。其特点是：机动灵活、活动区域大、管控范围广、保障能力强。动力方仓是对牵引方仓、蒙古包、帐篷式流动警务室的重要补充。牵引方仓式流动警务室，主要用于对沿边季节性生产作业点和易发生涉外事件的重点地段，以及偷渡、走私、盗畜等跨境犯罪比较突出的通道实行临时性管控。其特点是：活动区域较大，管控范围较广，工作、生活设施较为齐全。牵引方仓是实行弹性工作制的重要依托。固定警务室，是指其管理服务对象及办公场所都相对固定的警务室，主要设在距边防派出所较远、人口居住较为集中并且治安管理任务较重的地区。

报警点，是"草原 110"的基础，是公安边防派出所为方便群众报警、求助和反映信息而设立的场所，分为程控电话、手机、超短波手持台报警点。其主要职责是：为群众报警、求助和反映信息提供所需的通信工具，有条件的应当提供交通工具；收集、掌握驻地的治安信息和政情、社情信息，并及时向派出所或其警务室报告。

联防队，是"草原 110"的辅助力量，是群众性治安防范组织。联防队主要职责是：协助派出所对边民群众进行法制宣传、执勤巡逻、保护案（事）件现场，并设卡、查缉在逃人员；能依法有效劝阻、制止违反治安管理和边境管理的行为，主动参加抢险救灾，适时了解掌握社会面治安情况，及时提供治安信息和违法犯罪线索。

通信网络，是支撑"草原 110"运行的主要技术手段，是组织完成"草原 110"多手段、大容量、高速率通信联络的基础和指挥平台。通信网络主要由 160M 超短波民用通信网、350M 超短波警用通信网、地方电话网和其他通信网构成。160M 超短波民用通信网，主要以苏木（乡、镇）为单位组网，用于基层派出所、警务室同牧民、报警点、联防队以及地方相关部门相互联络、报案和交流信息。350M 超短波警用通信网，主要以旗市为单位组网，用于承担公安边防部队内部指挥调度、信息交流反馈等任务，还可用于公安、武警、解放军边防部队间的协同通信。地方电话网，主要包括固定电话、ETS 无线电话以及移动电话等，用于边防派出所、警务室及边民群众相互之间的通信。

（二）“草原 110”基本工作模式

首先，通过搭建信息平台疏通信息渠道。面对通信不畅给边境管控带来的困难，内蒙古公安边防总队经过仔细调查研究，采取组建超短波转信网，将手持台配发至军警民联合执勤点和沿边牧户的办法，开始在边境地区筹建“草原 110”通信网络。先后在边城地区投入 100 余万元，建成 350M 超短波警用网 2 个，160M 超短波民用网 39 个，配备转信台 61 部、基地台 136 部、手持台 730 部，有效覆盖了辖区 120 户重点防范户，有效扭转了接警和处警不及时的被动局面。其次，实施社区警务战略，下沉警力，前移警务。根据边境牧区实际，内蒙古公安边防总队通过试点总结了适合边境地区特点的社区警务模式，结合边民群众分散而居、游动放牧的生产、生活特点推出了流动警务室，并及时召开全区公安边防派出所工作会议予以推广，在辖区广泛布建报警点和警务室。目前，全区设立流动警务室 70 个，固定警务室 52 个，“草原 110”报警点 720 处，真正实现了警力下沉，警务前移，警务流动，进一步增强了公安边防部门主动应对情势的能力。最后，优化警力配置，释放警力潜能，弥补警力不足。根据辖区点多、线长、面广和警力不足的实际，内蒙古公安边防总队从自身实际出发，合理调配基层警力，调整了部分边防派出所的布局，将有限的警力最大限度地部署在边防一线开展工作，释放了现有警力的潜能。同时结合辖区实际，积极推行边防二线行政管理改革，停止了边防公安检查站的检查验证工作，将警力全部充实到一线从事治安管理，不仅强化了一线的管理，同时也便利了群众通行。经过几年的发展完善，“草原 110”已从当初单一的报警服务系统，演变为集管理、防范、打击、服务等多种职能为一体的一种新型警务工作模式，成为自治区广大农牧区创建“打防控”一体化警务机制的成功实践。

（三）“草原 110”工作制度

一是领导小组成员单位分工协作制度。按照成员单位的职能性质，把“草原 110”建设任务进行分解，落实到具体单位，建立分工协作制度，形成成员之间既有分工负责，又有协作配合的工作机制，促进各成员单位更好地履行职能，创造和谐环境，形成“草原 110”建设的整体合力。二是领导小组议事制度。领导小组通过定期召开会议，及时了解掌握“草原 110”建设实际情况，研究解决建设中存在的问题和困难，加强对各地区“草原 110”建设的指导力度，督导各成员单位积极履行职责。三是考核奖惩制度。制定“草原 110”建设考校评比细则，每年组织一次全面考核检查，对成绩突出的地区，在资金和装备上给予重点倾斜，调动各方面工作的积极性，真正使“草原 110”建设纳入政府的工作目标，纳入领导干部的实绩考核，纳入公安和边防设施建设的长远规划，纳入社会治安综合治理体系，确保各成员单位真正履行好领导小组赋予的各项职责任务。

通过建章立制，加强“草原 110”工作领导小组建设，确保各成员单位积极参与，各司其职，形成“草原 110”建设的整体合力。各级公安机关要切实把“草原 110”建设纳入公安工作整体规划，纳入各级公安指挥系统，并积极建立跨警种、跨部门、跨地区的应急反应机制；发展改革委要把“草原 110”的基本建设、通信系统、指挥系统等建设项目进行立项，按程序上报国家争取资会支持；财政部门要切实把边防派出所办案经费及治保会、“草原 110”联防等群防群治组织建设经费纳入财政预算；林业部门要切实把“草原 110”作为森林、草原火警预防等机制的一个重要载体，在人力、财力、物力上给予支持；广电部门要充分发挥主要媒体作用，加大对“草原 110”的宣传力度，发动全社会的力量共同参与建设；通信管理部门要积极协调拥有通信资源及设备的企事业单位，在政策倾斜、资源利用、通信费用、技术指导等方面为“草原 110”提供优惠和支持；解放军边防部队与公安边防部门要建立健全联席议事制度，定期通报情况，共同做好军警民联防，增强维护边境稳定的能力等，促进“草原 110”深入健康发展。

三、内蒙古“草原110”的影响

（一）维护了边疆民族地区社会稳定

内蒙古自治区特殊的地理位置、漫长的边境线和多民族聚居的特点，决定了其在维护全国稳定工作大局中占有特殊的重要战略地位。“草原110”作为内蒙古自治区维护稳定工作格局的重要支撑和特色品牌，要积极适应形势发展要求，不断拓展、强化管理功能，在构筑祖国北疆安全稳定屏障中切实发挥应有的重要作用。“草原110”充分发挥了反应灵敏、指挥高效、联勤联动、处置有力的优势，筑牢维护国家安全的坚固防线，打牢维护政治稳定的根基。通过落实军警民联防制度，拓展群防组织功能，以固定、流动警务室和报警点为触点，不断延伸情报信息工作的触角，拓展情报搜集的渠道，做到敌动我知、未动先知，牢牢把握对敌斗争和维护稳定的主动权。进一步建立健全边境口岸防范打击潜入潜出工作机制和冲突反恐联动协作机制，坚持主动出击、露头就打、先发制敌，严厉打击各种敌对势力，牢牢控制住边境牧区政治稳定的阵地。

同时，强化重点、敏感时期边境地区社会面控制，认真做好人民群众内部矛盾排查调处工作，认真落实群防群治措施，充分调动边境群众的积极性，努力实现群众内部矛盾自我排查、自我调节、自我消化，确保不发生影响边境地区稳定大局的问题。“草原110”的建立，有效提高了公安边防部门打击犯罪的能力水平，为确保边境地区社会的安全与稳定作出了突出贡献。一是增强了公安边防部门发现违法犯罪的能力，实现了快速反应。多年沿袭的警务机制以静态防范、事后处置为主要特点，公安机关发现、打击犯罪主要依赖辖区群众报警和提供线索。但由于边境地区社会形势需要，加上群众报警难，公安边防部门在打击犯罪行动中处于被动应付的局面。“草原110”的建立，使通信不畅、信息闭塞的现状得到了很大改善，确保了公安边防部门在警情发生后能在第一时间接到报警。同时，随着警力下沉、警务前移，实现了“寓警于民”，有效增强了公安边防部门主动发现违法犯罪的能力，达到了“以快制动、以快制快”的效果。二是健全了打击网络，增强了打击合力。我国边境地区地广人稀，边境管控难度较大。同时，边境管理涉及诸多职能部门，需要彼此协调行动，才能实现管理的目标。根据这一实际，内蒙古公安边防总队在“草原110”建设中注意发挥军管线、警管面的优势，建立健全军警民联勤工作机制，积极开展群防群治，形成了军警民共同参与、各方协调行动的防范打击网络，增强了工作合力。三是促进了社会治安综合治理。“草原110”的建立，有效聚集了当地党委、政府和公安机关、人民群众的力量，形成了协调有序的工作机制，进一步激发了各方参与社会治安综合治理的积极性，形成了人人促安定、人人保平安的良好氛围，有力维护了边境地区的安全与稳定。

2018年，内蒙古出入境边防检查总站依托“草原110”综治防范体系，查处非法越境案件14起31人、“三非”外国人案件49起141人，破获刑事案件97起，查处治安（行政）案件2019起，抓获在逃人员39人，收缴枪支19支、子弹3440发、废旧炮弹286枚、导爆索2181米及一大批危爆物品，确保了边境口岸地区的持续安全稳定。对内蒙古边疆各族群众来说，“草原110”不仅是社会安宁的代名词，也是幸福生活的指向标。近年来，内蒙古出入境边防检查总站各级累计协调争取惠民政策项目115个、资金2.1亿元，解决水电、交通、居住等生产生活问题275个，争取投入3300余万元扶持偏远居边农牧民新建或改造生产生活设施，发放政策性补贴。协调内蒙古财政部门对符合条件的边民每年每户补助1000元，支持边民稳边护边，安边兴边。协调相关部门开展文化、医疗下乡177次，先后协调争取扶贫惠民政策125个、资金680万元，帮助发展精品养殖、特色种植、牧户旅游等特色项目65个，使牧民群众生产生活条件显著改善，幸福指数数倍提升。

（二）推动了内蒙古自治区公安边防工作改革

全面发展是科学发展观的重要内容之一，也是检验公安边防工作发展成果的重要标准。在建设“草原110”过程中，各级公安边防部门坚持边实践、边总结，不断拓展“草原110”内涵，完善“草原110”功能，有效带动了工作改革，促进了公安边防工作的全面发展。2002 年以来，针对边防派出所远离群众、出警不及时等问题，在人口相对集中、治安较为复杂的地区建立了固定警务室，结合牧民群众分散而居、游动放牧的生产生活特点推出了独具草原特色的流动警务室，实施贴近管理、跟进服务，并要求警务室在牧民生产旺季，一律实行弹性工作制。通过建立警务室，改变了过去“坐堂问诊”的传统警务模式，拉近了公安边防部门与群众的距离，调动了群众参与维护治安的积极性，为“草原 110”提供了依托和发展空间。根据辖区点多、线长、面广和警力不足的实际，合理调配基层警力，调整部分边防派出所的布局，将有限的警力最大限度地部署在一线开展工作，带动了警力的整合，发挥了警力的效能。为提高工作效率，在选配警务室警官的过程中，推行警长竞争上岗制、警长与警官双向选择制、警官相互协作制等措施，促进了警力的优化配置和警官队伍素质的提高。

同时，为服务地方经济发展大局，积极推行边境管理制度改革，停止了边防公安检查站的常年检查验证工作，警力全部充实到一线从事治安管理，不仅强化了一线管理，也便利了群众通行，赢得了社会各界的普遍称赞。“草原 110”的建立，转变了边境地区沿袭多年的“重打轻防”“以打代防”的陈旧观念，带动了以静态防范、事后处置为主要特点的传统警务机制的改革，健全完善了打防控一体化警务机制建设和社会治安防范网络。除此之外，“草原 110”有效整合了各类社会资源，为推动公安边防工作可持续发展提供了不竭动力。实现可持续发展，是科学发展观的重要体现，也是保持各项公安边防工作和谐发展的重点所在。“草原 110”建设过程中，把可持续发展作为一条重要原则贯穿于始终。目前，多元化的“草原 110”经费保障格局已经形成，为了构筑严密、高效的边境治安防控网络，群防群治工作也被纳入“草原 110”建设当中，将一批乐于协助维护治安的青年牧民、退伍军人、有车牧户动员、扩充到协警队伍，组建了“草原 110”联防队，其在维护边境稳定中发挥了不可替代的作用。发挥军管线、警管面的优势，健全完善了联防联动机制，形成了军警民共同参与、各方协调有序的防范打击网络，增强了工作合力。赢得了社会各界和人民群众的充分理解与大力支持，促进了“草原110”的可持续发展。“草原110”的建立，集中体现了社会治安综合治理“打防结合、预防为主，专群结合、依靠群众”的指导思想，最大限度地凝聚和发挥了党委政府、公安机关、边防部队、人民群众等多方面的积极力量，形成了协调有序的工作机制，进一步激发了各方参与社会治安综合治理的积极性，形成了人人促安定、人人保平安的良好氛围，有力维护了边境地区的安全与稳定，成为内蒙古以稳定保和谐的亮点和品牌。

（三）夯实了边防治安的群众基础

服务群众是“草原110”建设的核心内容之一。近年来，公安边防部门充分发挥“草原110”通信方便、快捷这一优势，积极拓展为民服务的内容和领域，小到提供交通、通信便利，大到抢救危重病人、抢险救灾，为边民群众排忧解难等，均收到良好的效果。近年来，公安边防部门通过“草原110”接处警7500余次，服务群众13500余次，抢救病重边民470余人次，为群众找回失散牲畜6500余头（匹、只），扑救草原火灾43起，为牧民挽回直接经济损失500余万元，极大地便利了边境地区群众的生产生活，维护了边民群众的权益，引发了社会各界的广泛参与。为有效调动社会各界参与“草原110”建设的积极性，公安边防部门开展了广泛的宣传动员工作，赢得了社会企业、事业单位的大力支持。边防辖区一些矿点、企业为警务室建设提供办公用房，并给予一定的经济支持。一些边民群众无偿提供交通工具、通信设备，支持“草原110”报警点和联防队建设，通信、广电、林业等部门从技术和设备上也对“草原110”建设给予了支持。在各级党委、政府和上级公安机关的大力支持下，内蒙古公安边防部门组建了329个“草原110”联防队。同时建立了联防队员及巡逻车工作制度，做到了“三严”（严格把关、严格训练、严格管理）、“三定”（定人、定时、定位）、“三统一”（巡逻车统一编号、统一颜色、统一字样）。引起了自治区各级党委、政府及有关部门的高度重视，也赢得了社会各界和边民群众的充分理解和大力支持。

当前我国正处于一个经济社会转型期，面临着不稳定因素增多、边境治安管理难度加大、经济社会快速发展等方面的挑战，这对完善治安防范管理机制，做好开放、动态条件下的打击防范工作提出了新的要求。“草原110”建设要始终围绕打造安全稳定内蒙古这个总目标，增强新形势下边境牧区社会治安局势的防控能力，在广阔的边境牧区构筑起打防犯罪的高压线，为地方经济建设和社会发展创造良好的治安环境和发展环境。要借助“草原110”信息平台，实现就近出警、跨区域协同作战和军警民联合作战，大力整治边境突出违法犯罪活动，净化辖区治安环境，增强人民群众安全感。依托派出所和警务室，深入群众、发动群众，使牧民群众成“前哨”，联防队员作“先锋”，进一步增强派出所发现和预防能力。将警务室特别是流动警务室作为“草原110”警务工作的立足点与延伸点，紧密结合边民生产、生活实际，深入开展法律法规宣传、防火防盗宣传、反偷渡宣传、法律咨询及和谐家庭、嘎查等创建活动，切实增强边民安全防范意识、遵纪守法意识和参与边境管理的积极性，有效预防和减少各类可防性案件的发生。通过不断强化“草原110”打防犯罪的功能，把内蒙古边境地区建设成为全国边疆少数民族地区社会治安管理的首善之区。

第四章　流动公共服务与类型矩阵：社会治理模式运行机制

虽然通过类型矩阵将流动公共服务的运行模式大致划分为四种并且为其贴上了一定的特征标签，但是从实践来看每一种流动公共服务运行模式都有不同的路径选择及重点领域。本章将对流动公共服务的四种类型进行细致的分析，并且揭示每种类型蕴含的要素特征、优势缺陷。

第一节　公益—参与型流动公共服务分析

公益—参与型运行模式主要针对那些专业性较强的公共服务需求，采用购买公共服务的方式寻找相应的供给主体。其具体运行流程包括四个阶段和四个行为过程（见图 4-1）。

一、公益—参与型流动公共服务供给的运行机制

第一阶段是公共服务需求的产生和识别。一方面，政府能力的有限性使一些公共服务需求没有得到政府的完全响应和主动供给；另一方面，对牧区、牧民等许多特殊的地区和群体因为政府的公共服务延伸性上限而无法进行公共服务供给，因此便产生了公共服务的需求溢出。而且，随着社会经济的发展，公共服务的需求多元化催生了一些较为专业、特殊的公共服务需求，这也是政府部门在现有行政结构的基础上难以满足的。因此在政府识别到这部分需求后，为了保证公民利益的实现，必须要通过主动上

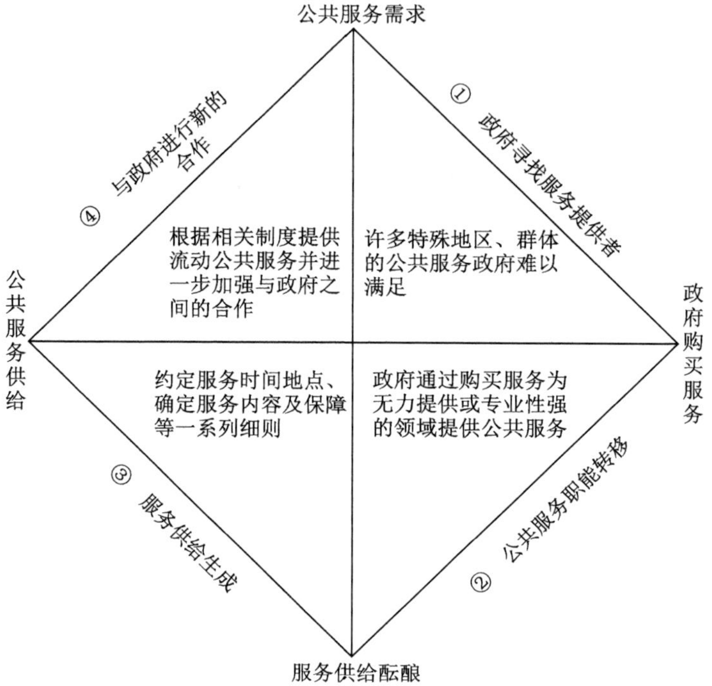

图 4-1　公益—参与型流动公共服务运行模式

门服务的方式进行供给，故而需要选择一个灵活高效、注重公平的主体作为服务的提供者。政府寻找服务提供者正是衔接第一阶段和第二阶段的第一个行为过程。

第二阶段是政府购买服务。购买服务可以算作寻找服务提供者的有效手段，政府部门通过发布招标的形式选择供给主体。而从目前的实践来看，一般的购买对象均为互益型社会组织。互益型社会组织不仅具有社会组织的基本特征，而且它通过购买服务可以实现与政府的双重利益满足，保证组织的生命周期。在经历了第二阶段后，政府部门确定了代替政府的公共服务提供者，同时开展衔接第二和第三阶段的第二个行为过程：公共服务的职能转移。政府部门与社会组织商定公共服务的供给内容、对象，并正式授予社会组织流动公共服务的供给职能。此时，政府部门那些无力或无法提供的公共服务便经过购买服务的方式将提供职能转移到了社会组织身上。

第三阶段是服务供给酝酿。在第一阶段和第二阶段，流动公共服务的供给内容和供给对象已经基本确定，但是相关的细节还未落实。相关流动公共服务的供给时间、地点、方式都需要进行商讨。而服务供给的生成便成为第三阶段与第四阶段的对接行为过程。服务供给的生成过程中，社会组织已经对服务的内容、地点、时间、人员、物资等方面进行了充分讨论和准备，而且此时也要就一些后勤保障等细则方面加以准备，以防在服务供给中出现突发事件。

第四阶段是公共服务供给阶段。在经过前三个阶段的准备后，社会组织正式开展流动公共服务的供给，在政府的相关规则制度下实现自身的职能。而且，在服务中，政府部门可就相关主体进行监督和评价。需要注意的是，流动公共服务的供给不是一次性的路径规划，而是一种闭环式的动态过程。在进行流动公共服务供给后，政府部门会在一些新的需求基础上展开与社会组织之间的合作。

二、公益—参与型流动公共服务供给模式的典型案例

重庆市的流动文化服务供给和深圳市的“驻队律师”正是典型的公益—参与型流动公共服务运行模式。2014 年国家文化部出台《关于加强流动文化服务工作的意见》，将流动文化服务作为打通“最后一公里”的重要手段。重庆市积极响应号召，于 2015 年、2016 年分别出台了多项文件推动流动文化服务的供给，并在全国率先试点为基层购买文艺演出，将其总结推广为全市的民生实事。但是考虑到群众的需求基数庞大、政府的供给能力有限以及重庆市复杂的地理环境，政府决定采用购买流动文化服务作为流动公共服务的提供方式之一。从 2016 年开始，沙坪坝区等许多下级行政单位发布了采购流动文化服务的公告以吸引相关的社会组织参与，与此同时，政府部门也加大力度促进流动文化服务供给，开展了“渝州大舞台”文化工程，并投入资金 3500 多万元为全市的文艺团配备流动舞台车等后勤设备。截至 2017 年下半年，重庆市累计购买文艺演出 10 万场，观

众多达3000万人次，流动文化服务成为市民关注的民生实事。仅2017年，重庆市便计划在80个基层配送点提供流动文化服务3万余场，将演出、培训、讲座等文化活动落实到基层，让人民群众享受到流动文化服务的便捷。为了保障公共文化服务的均衡协调发展，重庆市政府大力开展流动公共服务，建立常态化服务机制，延伸公共文化服务范围。① 同时，为了保证流动文化服务的购买服务质量，重庆市政府每年要进行流动文化服务的评估和监督工作。值得一提的是，在文化服务供给内容方面，重庆市政府通过网上平台建设听取民众意见。例如，人民群众可以在网络平台上投票选择自己想看的文化演出内容，政府部门根据投票结果来进行针对性的购买和提供。

深圳市的“驻队律师”在2014年出现于沙河街道，随后在全市推广开来。“驻队律师”是指城管执法部门通过购买服务的方式与律师事务所签订法律服务协议，由律师事务所派专业律师进驻城管执法部门，为执法队伍提供专业法律服务、法制培训，协助开展群众法制教育，监督和规范执法工作。

“驻队律师”主要提供以下几种流动法律服务：法律咨询、法治宣传、处理法律事务、化解纠纷、提供法律援助等。② 一是法律咨询。驻点律师在随队执法的过程中会针对执法人员在法律方面的疑难问题进行解答，同时也针对执法过程中商贩的法律问题进行解决。二是法治宣传。在执法过程中，往往需要对一些商贩进行处罚和处理，这时便需要“驻队律师”对这些处罚对象进行法治宣传，同时也为周围群众起到了普法的作用。三是处理法律事务的服务。在城管执法队伍执法过程中，有时需要民事诉讼、行政复议等，“驻队律师”便可以代相关主体向诉讼和复议对象发送律师告知函和法律意见等。四是化解纠纷服务。在行政队伍执法时难免因手段和理念的不同产生冲突，这时“驻队律师”便可化解纠纷，防止纠纷的进

① 资料来源：重庆人大网，http：//www.ccpc.cq.cn/home/index/more/id/210462.html。

② 资料来源：法治广东研究中心，http：//www.gddx.gov.cn/fzgdyjzx/146297/280618/index.html。

一步升级。五是法律援助。法律援助主要为那些弱势群体提供服务，主要针对那些在城管执法过程中受到伤害的执法队员和商贩。

“驻队律师”作为政府购买流动法律服务的典型方式，不仅提高了街道城管执法队伍的行为规范性和法制性，同时也在执法过程中提供了流动、实时性的相关法律服务，在第一时间满足了法律服务的需求，同时也在一定程度上防止了法律纠纷的升级。

三、公益—参与型流动公共服务供给模式分析

从以上两个经典案例可以看到，公益—参与型运行模式的购买服务是提供流动公共服务的有效手段之一，不仅节约了政府资源，降低了行政成本，同时也对满足特殊的公共服务需求、实现公共服务均等化起到了一定作用。而且，从目前的购买流动公共服务方式来看，“互益”二字得到了充分体现。在购买流动公共服务的过程中，政府部门不仅节约了成本，同时也加强了与社会力量的沟通协作，并进一步实现了职能的转变，推进了国家治理能力和治理体系现代化的建设。而社会组织不仅在购买服务中得到了保障组织发展的基本资源，同时也在服务的提供中得到了社会大众的认知和认可，提升了社会组织的社会地位以及认可度。并且，社会组织在提供相应公共服务的过程中也体现了志愿性和公益性特征。

但是，公益—参与型运行模式存在一定缺陷。一是服务的局限。这种成本控制方式仅适用于一些特殊的公共服务需求，诸如安全、医疗等涉及群众核心利益的公共服务无法通过该种方式供给。二是腐败的可能。购买服务虽然可以帮助政府部门选择最具资质、实力的承接主体，但政府招标的方式往往会出现透明性的缺失，为腐败提供条件，从而损害流动公共服务提供的质量和效率。三是监督的困难。随着购买服务的实现，流动公共服务的提供职能被政府转移到社会组织，因此也丧失了内部评估和监督的可能。社会组织提供流动服务的评估和监督从本质上来讲是一种外部评估，不仅需要大量的信息基础，同时可能会得到虚假的评估信息，从而对流动公共服务的提供质量无从考评。四是能力的不足。社会组织在我国兴

起短短四十年的历史远不能构建起像欧美国家那样成熟的组织体系和社会环境。我国社会组织的发展仍处于上升期，而政府迫切需要将公共服务职能转移，这就导致了能力与需求的不匹配。目前，由于流动公共服务的需求规模一般较为庞大，所以许多社会组织的承接能力是否与公共服务的需求匹配仍然值得商榷。

从公益—参与型运行模式可知，在某些流动公共服务的供给中，政府部门引入了非政府性质的社会组织与市场力量作为供给主体之一，直接体现了流动公共服务体系中的社会组织这一供给主体。同时，公益—参与型运行模式在一定程度上关注了那些特殊群体的公共服务需求，体现出了均等和公平的价值取向。并且，通过购买公共服务的形式许多政府难以直接供给的服务得到了解决，这也成为流动公共服务体系中供给手段的有益补充。最后，政府部门对流动公共服务供给中的主体监督和评价以及民众网上参与流动公共服务供给内容的制度也是流动公共服务体系中动态机制的典型做法。

第二节　公益—志愿型流动公共服务分析

公益—志愿型流动公共服务与公益—参与型流动公共服务运行模式的主要区别在于其供给行为的自主性。由于缺乏了作为提供服务和满足需求的中介——政府部门的参与，公益—志愿型流动公共服务运行模式更加简化高效。

一、公益—志愿型流动公共服务供给的运行机制

公益—志愿型流动公共服务运行模式主要有三个阶段与三个行为过程（见图 4-2）。第一阶段是组织理念驱动。组织理念驱动是指社会组织受到自身的组织理念影响主动提供流动公共服务的过程。这也是公益—志愿型与公益—参与型运行模式的主要区别，虽然公益—参与型也在一定程度上

受到了组织志愿精神的驱动，但其驱动的纯粹性远低于公益—志愿型运行模式。在组织理念的驱动下，社会组织会根据自身职能进行整合，主动开展流动公共服务。而衔接第一阶段和第二阶段的行为过程就是确定服务对象。由于社会组织的宗旨和理念为实现人民的需求和公共利益，因此其就有提供公共服务的可能。但是公益—志愿型运行模式强调自愿导向，也即在没有其他主体的要求下主动提供服务，且社会组织的功能较为单一，那么就需要进行服务对象的确定以匹配组织的功能。

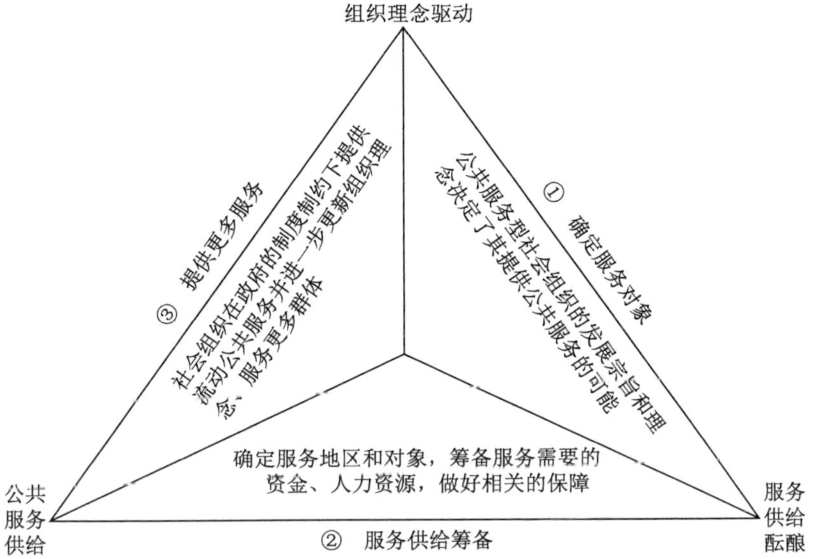

图 4-2　公益—志愿型流动公共服务运行模式

第二阶段是服务供给酝酿，这一阶段主要涉及流动公共服务提供的对象、地区和内容的确定，以及相关的资金、人员和物资保障。公益—志愿型运行模式的主体是社会组织，政府并没有参与其中，因此在资金等方面的保障可能需要多渠道筹备。社会组织的资金来源多为非营利性收入、捐款、拨款等，具有一定的不确定性，而且非营利组织的人员流动性较大，因此在后勤保障方面需要投入更多的精力。而衔接第二阶段和第三阶段的行为过程正是服务供给筹备。

第三阶段是公共服务供给。在这一阶段，社会组织在相关的法律法规制约下开展流动公共服务。值得一提的是，虽然社会组织参与流动公共服务的现象普遍化，目前却仍未出台关于流动公共服务的法律法规对其进行行为的制约。而在服务供给时，社会组织可以根据供给过程进行组织理念的更新和服务内容的调整，并在服务结束后展开新的服务供给。而第三阶段与第一阶段的二次衔接行为过程为提供更多服务，即在每一次服务的基础上汲取经验，并在服务结束后选取新的服务对象。

二、公益—志愿型流动公共服务供给模式的典型案例

深圳市律师协会（根据《中华人民共和国律师法》第五章第四十三条规定，律师协会属于社会组织）的巡回流动服务是公益—志愿型运行模式的典型案例。深圳市律师协会主要通过“1+1”法律援助志愿者行动（以下简称“行动”）来进行流动法律服务的供给。所谓的“1+1”，指的是通过自愿报名的方式选拔一名专业的志愿律师和一名大学生志愿者，而行动的具体内容主要是通过专业律师和大学生志愿者为律师资源短缺的地区提供法律服务。从 2009 年开展行动以来，广东省每年派出约 30 名志愿律师到我国的律师资源缺乏地区开展流动服务。目前，行动提供的流动服务涉及西藏、新疆、内蒙古、青海、甘肃、宁夏、贵州、云南等律师资源较为薄弱的地区。不难发现，这些地区经济发展较为落后，地理环境十分特殊，不仅造成了法律资源的缺乏，同时也降低了法律服务的可及性。而每一次行动派出的志愿者律师服务周期为一年，在下一年行动会指派新的律师并确定新的服务地区。

参与行动的志愿律师主要有以下几项服务内容：一是法律咨询和代书服务。志愿律师服务的地区法律资源缺乏，群众的法律知识普及程度不够，因此志愿律师的重要服务内容之一是为群众提供法律咨询和代书服务。二是办理法律援助案件，法律援助主要针对经济困难群体提供无偿帮助。而志愿律师上门办理法律援助案件，进一步解决了经济困难群体因经济压力而无法寻求常规的法律服务问题。三是法律宣传服务。志

愿律师服务的地区法律基础薄弱，需要进行宣传和开展讲座来对群众普及法律知识。四是纠纷化解服务。纠纷的出现具有不确定性和突发性，而且需要寻求司法机关的帮助加以解决，志愿律师的流动服务可以在家门口帮助调解纠纷，不仅提高了办事效率，同时也维护了社会稳定。

“1+1”法律援助志愿者行动是深圳律师协会在司法部倡议下主动选择提供的流动法律服务，直接选派志愿律师的方式更加便捷高效，同时流动的服务方式能够为更多地区提供法律服务。①

三、公益—志愿型流动公共服务供给模式分析

公益—志愿型运行模式是流动公共服务中自主性、流动性最高的运行模式，也是运行路径最短的运行模式。社会组织自发提供流动公共服务，既不需要政府部门进行监管，也不需要政府部门进行参与，极大地节约了政府财政资金。而且，社会组织主动进行的公共服务供给可以视为社会力量对公共服务职能的承接，一定程度上加速了政府职能转变的进程。从上文的案例可以看到流动法律服务主要涵盖了法律力量薄弱的地区，意味着社会组织主要将流动公共服务的供给瞄准政府部门的薄弱领域，作为对政府公共服务供给的补充，也进一步完善了公共服务体系，推动了公共服务均等化的实现。社会组织参与流动公共服务，本身是一种人民群众自我满足需求的过程，因此也为公众参与社会治理提供了更丰富的路径选择。

但正由于公益—志愿型运行模式以社会组织为流动公共服务的供给主体，它的组织理念驱动原则会受到服务稳定性和持续性的考验。志愿精神作为一种道德规范，对社会组织的行为并没有强制的约束力，而是通过考验社会组织的行动自觉性来实现服务的供给。相比于其他三个运行模式来讲，公益—志愿型运行模式的服务供给缺乏稳定性和持续性保证。而

① 资料来源：深圳律师协会网，http：//www. szlawyers. com/advance-search。

且，目前在我国社会组织尚未真正实现“社会化”，挂靠于主管单位的现状易导致社会组织的官僚化，使社会组织成为政府部门的附属品而失去了独立性和原有行为特征。根据志愿失灵的理论，社会组织存在一定家长作风和对象限制的缺陷，由于社会组织的负责人有较大发言权且权力缺乏制约，故而其提供服务时可能在对象选择方面存在一定的特定性，从而出现了享受服务的特权群体和未享受到服务的利益受损群体，一旦利益受损群体对特权化的服务有所意识，那么便可能形成集体意识，引发公共冲突。[①] 值得一提的是，在公益—志愿型运行模式下，社会组织是流动公共服务的供给主体，而政府部门并未参与供给，可能被视作政府责任逃避的一种表现，从而降低政府的公信力。

公益—志愿型运行模式体现出流动公共服务体系中社会组织作为重要供给主体的现状，进一步印证了流动公共服务体系中多元主体的机制。同时不难发现，公益—志愿型运行模式体现出了无缝隙服务的特征，针对农村、牧区以及发展落后地区具有独特的适用性，且社会组织的志愿和公平导向也使其在流动公共服务供给时更加关注落后地区的人民群众以及广大农村、牧区的人民群众需求，对流动公共服务体系中的服务对象进行了较完善的界定。但从目前来看，社会组织自愿主动地参与流动公共服务供给，缺乏一定的规范和制度建设，需要进一步加以完善。

第三节　权威—自觉型流动公共服务分析

权威—自觉型运行模式的出现与近年来我国政府的改革是分不开的。“一站式”服务、服务型政府、大部制建设等改革措施无不将政府的公共服务从大口径、粗放式向着针对性、精细化转变，因此催生了流动公共服务等诸多体现政府变革理念的公共服务创新供给方式。权威—自觉型运行

① 常健．公共冲突管理［M］．北京：中国人民大学出版社，2012：30-31.

模式是在政府理念转变的指引下改变供给方式、主动提供公共服务的过程。其主要运行流程如图 4-3 所示。

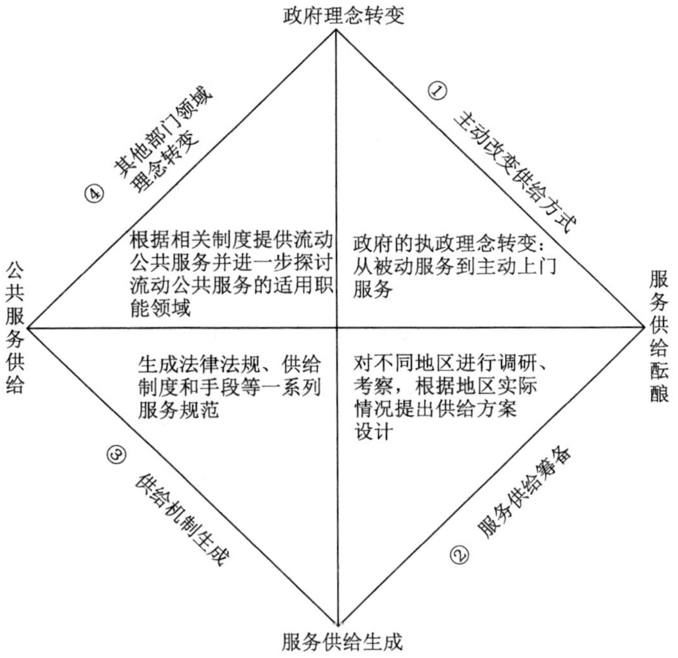

图 4-3　权威—自觉型流动公共服务运行模式

一、权威—自觉型流动公共服务供给的运行机制

权威—自觉型运行模式的第一阶段是政府理念转变。现有公共服务供给模式与权威—自觉型流动公共服务运行模式相比，正如同“有桩共享单车”和“无桩共享单车”的区别，“有桩共享单车”需要人们找到单车存放点才能享受出行服务并且单车也必须归还到固定地点，而“无桩共享单车”则使人们在家门口便可享受出行服务，也可随时停放。现有公共服务供给方式与流动公共服务亦是如此，权威—自觉型运行模式改变了过去的“桩式思维”，通过精细化政府和“一站式”服务的“精、准、细、严”“服务内容整合”等理念提供主动上门的服务。而衔接第一阶段和第二阶

段的行为过程正是主动改变供给方式。政府的公共服务部门会根据自身的服务职能和提供内容进行整合，并在保证现有职能的基础上派出人员提供主动上门的服务。

第二阶段是服务供给酝酿。以政府为主体的流动公共服务与社会力量提供的流动公共服务在供给酝酿方面存在一项显著的差异：政府部门在流动公共服务供给之前，会对供给地区进行调研和考察，以了解地区的实际情况，提出有针对性的服务规划方案。内蒙古自治区的流动警务室正是在提供服务之前通过巡逻的方式将服务地区基本情况掌握，并通过入户的方式了解不同家庭的公共服务需求。而且，政府部门在进行公共服务供给酝酿时，往往不需要考虑资金、设备、人员等后勤保障，这些保障在现有公共服务体系中均已成熟。第二阶段和第三阶段的衔接行为过程也是服务的供给筹备。

第三阶段是服务供给生成，这也是政府主体与社会力量在提供流动公共服务方面的显著区别之一，社会力量只需要在政府的既定规则框架下进行服务提供即可，而政府部门则要在服务的过程中体现依法行政的原则，因此要生成服务供给的相关法律法规、供给制度和手段等一系列细则。以辽宁省印发的《关于全面推进公共文化流动服务的通知》为例，通知全面地涵盖了供给主体、载体、供给对象、供给目标、基本原则、供给手段和任务等方面，为流动公共服务的供给提供了制度化保障。而衔接第三阶段和第四阶段的行为过程便是供给机制生成。通过供给机制，政府才能实现流动公共服务供给的规范化和法制化。

第四阶段是公共服务供给，与社会力量在固定公共服务领域供给不同的是，政府部门在每一次的流动公共服务供给中会尽可能地探讨流动公共服务的适用范围。目前，政府提供的流动公共服务仅占整个公共服务体系的一小部分，通过现有的流动公共服务供给，政府部门可以探讨还有哪些公共服务可以流动起来，从而实现主动上门服务。因此，衔接第四阶段和下一次服务的第一阶段的行为过程为其他部门领域的理念转变。通过每一次的流动公共服务供给，可以为其他部门提供借鉴和经验，从而促进其他部门的公共服务流动化。

二、权威—自觉型流动公共服务供给模式的典型案例

流动司法所是我国法律流动公共服务的典型做法之一，体现着权威—自觉型流动公共服务运行模式的精髓。法律流动公共服务目前已在我国20多个省市展开，从东部沿海到西部内陆地区均存在。流动司法所不仅是法律流动公共服务的一种形式，同时也是流动服务下诸多其他形式（流动法庭、流动法律援助站等）的象征性统称。流动司法所的核心理念便是将司法职能发挥于基层一线，将工作重心下移。流动司法所的运作模式十分简单，一辆流动服务车、一支服务人员组成的队伍足矣。①

流动司法所主要有四项工作机制。一是流动调解机制，目前，许多流动司法所将行政区域划分，并在每个划定区域实行责任人制度，通过与区域内的基层干部沟通了解，责任人会进行集中的纠纷调解等工作。二是流动宣讲机制。流动宣讲机制主要是为服务对象提供法律知识的普及服务。在法律服务的提供过程中，工作人员会与基层群众进行深入的接触，那么将一些基本的法律知识进行宣传和普及，有助于工作的进一步开展和群众的法律意识增强。流动司法所的工作人员在进行工作时往往会积累许多的实际案例，这些案例可以帮助工作人员在之后的普法工作中“以案普法”，达到更加生动的效果。三是定期回访机制，法律服务与其他公共服务相比，具有长期性和反复性的特征，一次诉讼可能需要多次的法律服务供给才能完成。而流动公共服务并非“一锤定音”的服务方式，如要满足人民群众的需求和利益就需要进行持续、动态的供给。定期回访机制正是流动司法所应对那些需要长期法律服务人员的机制。四是法律援助机制。咨询、普法等功能只是法律服务的一部分，而极其重要的一部分法律服务需求就是诉讼。诉讼是一个复杂的服务需求，包含了判决、调解、代书、代理等许多部分，而这也是流动司法所的一项重要职能，工作人员会帮助群众草拟合同、解决纠

① 资料来源：湖州市人民政府网，http：//www.huzhou.gov.cn/hzzx/shms/20120313/i341161.html。

纷、代理诉讼、代书，以满足更多的法律服务需求。

随着流动法律服务的不断推进，政府部门有了新的实践手段。一些地方的司法所为了提高流动法律服务的质量，会选择将不同领域的公共服务加以整合。一些流动司法所为了提高普法和宣传的质量，将法律服务与文化服务结合，开展法治文艺汇演，将法律知识融入节目中，群众在享受到文化服务的同时又接受了法律知识的熏陶，一举两得。而且司法所工作人员会在现场发放宣传册、印有法律知识的小礼品等以加强宣传效果。流动司法所的成功模式为政府其他部门提供流动公共服务起到了启发和示范作用。

三、权威—自觉型流动公共服务供给模式分析

权威—自觉型流动公共服务运行模式是政府在社会治理创新和公共服务创新方面的有益探索，极大地提高了政府部门的公共服务供给效率和整合度，提高了人民群众对公共服务的满意度与对政府部门的正面形象认知度。政府部门提供流动公共服务，推动了公共服务在地区、群体方面实现均等化，同时也将一些原本闲置的公共服务资源利用起来，体现了节约意识。但需要注意的是，目前在流动公共服务的供给领域，政府部门与其他供给主体的比例并不均衡，且政府部门目前提供的流动公共服务范围有限，是否有更多的流动公共服务内容可以供给值得商榷。

从整个权威—自觉型运行模式来看，主动服务的理念贯穿全程成为其显著的特征之一。而且，这一类型的供给对象并未划分界限，而是将普通的公民需求和特殊的弱势群体需求都纳入考虑。从供给制度层面看，在许多这一类型的流动公共服务实践中，高科技的应用较为广泛。例如在流动警务室这一安全流动公共服务内，“草原 110” App 的使用配合着流动警务室的 GPS 功能可以实现报警的快速响应、地图绘制和路径规划等功能，是对流动公共服务具体运作动态机制的有益参考。由于权威—自觉型运行模式需要整合大量的服务资源和职能，因此在载体的选择上更加集成、统筹。流动警务室的运行就离不开政府部门向市场力量购买特种车辆，因此市场力量也成为流动公共服务的供给主体之一。同时不难看出，由于公共服务均等

化这一目标的不断推进，政府部门正在进一步地整合自身能力，加大公共服务的供给力度，拓宽流动公共服务的供给对象和地区范围。

第四节　权威—回应型流动公共服务分析

权威—回应型运行模式是在公民需求溢出基础上的政府供给流动公共服务的形式。需要说明的是，“需求溢出”一词是对公民需求的客观状态描述，并未有对政府能力怀疑的负面倾向。在公民需求溢出的情况下可以看到，政府部门在满足部分公共服务需求上无能为力，而流动公共服务这一形式的出现则为政府满足这些溢出的需求提供了一项理性的选择。权威—回应型运行模式如图 4-4 所示。

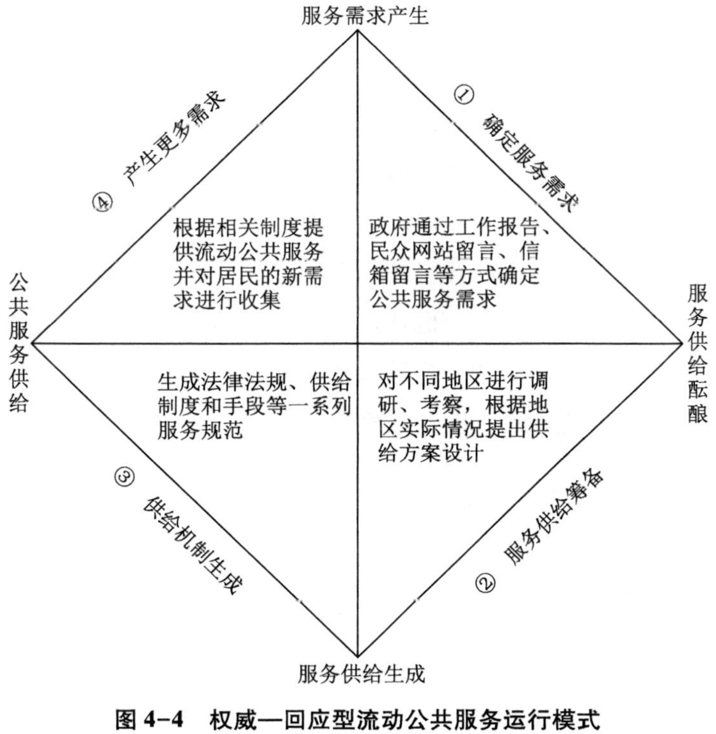

图 4-4　权威—回应型流动公共服务运行模式

一、权威—回应型流动公共服务供给的运行机制

第一阶段是公共服务需求的产生。在这一阶段，公民产生了一定的公共服务需求，而这些需求恰未被政府满足，因此造成了需求溢出。溢出的需求主要有三个来源：一是前文提到的边疆民族地区等落后地区的需求溢出。在这些地区，人口分散，地广人稀，难以形成大规模的公共服务诉求。二是弱势群体的需求溢出。在这里的弱势群体主要是指那些公共服务享受能力较差的所有群体。这些群体的公共服务需求在现有的服务体系内均可得到满足，但是由于他们的自身条件限制导致无法寻求公共服务的满足，因此造成了需求溢出。三是公共服务的分层需求溢出。公共服务的分层需求形成原因十分复杂，但它造成的后果却十分显著——低层次需求的溢出。以科普服务为例，城市中的居民可能早已厌倦了科技馆、科普讲座等一系列文化服务形式，转向自我汲取和学习以满足需求，而农村地区的居民则可能更需要基础的科普服务以满足文化需求。政府会确定这些溢出的公共服务需求并通过流动公共服务的方式进行供给。衔接第一阶段和第二阶段的行为过程便是确定服务需求。

第二阶段是服务供给的酝酿，政府部门通过网站留言、信箱留言等多渠道确定溢出的需求后便展开服务的筹备工作，而经服务供给筹备工作之后便是运行模式的第三阶段，也就是服务供给的生成，通过供给机制的设计，便到了公共服务供给这一阶段，也就是运行模式的第四阶段。由于这些阶段与前文中并无二致，因此不再赘述。

二、权威—回应型流动公共服务供给模式的典型案例

流动图书馆是权威—回应型运行模式的典型做法。流动图书馆最早起源于国外，距今已半个世纪之久，在我国也成为一项运用范围较广的流动公共服务做法。现有的图书馆坐落位置辐射区域有限，不能满足所有的群体，因此图书馆便将图书整合起来为那些交通不便的地区或难以享受图书

馆服务的群体送书上门。流动图书馆解决了许多地区图书馆覆盖率不足的问题，同时也加强了科学文化知识的传播。

以内蒙古自治区的牧民为例，虽然牧民本身希望通过书籍阅读提升养殖技术、满足精神生活，但是牧区地广人稀的特征使图书馆的建设成为空谈。因此，内蒙古许多图书馆成立了流动图书馆队伍，为牧民提供流动文化服务。流动图书馆一般是将一辆大型车辆的座椅拆除并安装书架，并准备好桌椅和设备，当开到指定地点之后，工作人员将桌椅摆开，供牧民在现场观看书籍。同时工作人员还会通过设备现场办理借书证以及开展还书借书服务。车上的书籍会根据牧民的需求进行登记选择，往往是一些小说和生产技术方面的书籍。通过流动图书馆，牧民可以在指定的地点享受到文化服务，而仅仅需要付出更少的成本。在一次服务后，工作人员会进行需求收集，并约定下一次的服务地点和时间。①

三、权威—回应型流动公共服务供给模式分析

与权威—自觉型运行模式不同的是，权威—回应型运行模式更加注重服务对象需求的精细化界定与满足。权威—回应型运行模式的运作基础便是公共服务的需求溢出，因此政府部门对公共服务需求的界定和识别成为整个流动公共服务供给过程中的核心部分。因此，权威—回应型运行模式更关注民众的意见表达。

可以说，权威—回应型运行模式虽然并未像权威—自觉型运行模式那样主动地寻求职能转变和服务供给，但这与政府的规模和能力有关。为了进一步加强能力，政府部门便通过权威—回应型运行模式来整合公共服务资源供给。从权威—回应型运行模式中可以发现，政府部门更加关注那些较为特殊的需求或现有公共服务供给体系中的死角、空白区域，从而进一步实现公共服务的均等化和社会群体的公共利益满足。

综上，通过流动公共服务的类型学分析，四种类型均为流动公共服务

---

① 资料来源：内蒙古正镶白旗政府网，http：//www.zxbq.gov.cn/xwdt/bmdt/201806/t20180619_1992343.html。

体系构建提供了有益的要素填充，具体如表 4-1 所示。

表 4-1 流动公共服务类型学模型中的流动公共服务体系构建要素

		公益—参与型	公益—志愿型	权威—自觉型	权威—回应型
理念驱动	指导理念	主动、灵活、无缝隙	主动、灵活、无缝隙	主动、灵活、无缝隙	主动、灵活、无缝隙
	供给目标	均等化的目标	公平与效率兼顾的目标	均等化的目标	均等化的目标
制度设计	供给主体	社会组织、市场力量参与	社会组织参与	政府直接供给	政府直接供给
	供给对象	政府无法满足服务的群体	社会弱势群体、偏远地区群体	所有群体	因自身条件无法满足需求的群体
	供给领域	文化服务、法律服务	法律服务	安全服务、法律服务	文化服务、医疗服务
运行方式	供给手段	购买服务、群众参与渠道	第三方供给	政府整合资源直接供给	政府整合资源直接供给
	评价监督	监督评价机制	无	绩效评估	绩效评估

通过前文的概念梳理和本部分流动公共服务类型学分析得到相关要素，基于此，本书将对流动公共服务体系进行构建和进一步完善。

第五章　流动公共服务与社会治理：创新价值

第一节　理念创新：主动服务、灵活服务、无缝隙服务

一、主动服务

流动公共服务体现了主动服务理念。流动公共服务从其操作过程看，首先需要公共服务供给者走出来，走到有公共需求的公众当中去，这就是一种主动服务。纵观公共服务供给过程，无论是韦伯设置的科层制还是现代国家治理形式，基于公共服务供给者自身数量和公共服务需求者的数量及分布，公共服务供给一般而言属于被动服务，即等待公共服务需求者“找上门来”，公共服务供给部门才能有针对性地提供不同的公共服务。这种模式及其设计有很强的现实性及合理性，因为公共服务需求者不仅数量多、分布散，而且需求各异。但这种设计和供给模式不仅存在自身缺陷，而且在长期实施中产生了具有负面影响的连带效应。公共服务供给中这种传统的被动服务的自身缺陷在于无法适应地域辽阔、地广人稀地区的现实需求，中国北部边疆地区的广大农村牧区就是典型，所以这类地区公共服务供给能力较弱，公共服务供给相对短缺；被动服务方式长期存在还引发了一些连带效应，表现在公共服务提供者“等人上门”意识固化，长期如此会产生负面影响，会影响公共服务供给数量、质量，也会影响公共

服务需求者的满意度等。正是这种被动服务模式，使得近些年在广大农村牧区公共服务领域存在“用脚投票”现象和公共服务需求者的高负担情况。流动公共服务所体现出来的主动服务理念及其具体的落实行为，可以有针对性地化解上述难题。

二、灵活服务

流动公共服务体现了灵活服务理念。流动公共服务重在流动，流动的过程就具有很大的灵活性。首先，流动公共服务可以灵活把握公共服务路线和区域，哪里有需求就为哪里提供服务。例如流动科技服务，根据农村牧区的不同需求提供农业科技服务或者是牧区科技服务。其次，流动公共服务可以灵活调整公共服务规模，按照公共服务需求者的人数、年龄、民族等要素有针对性地提供公共服务。例如流动文化服务，根据农村牧区居民的民族构成提供具有不同民族特色的文化服务。最后，流动公共服务的灵活性还体现在能够及时快速地了解公众的真实需求，灵活调整一个时期或者一个区域的公共服务内容和方式。流动公共服务的灵活性理念及其具体行为，符合广大农村牧区公共服务需求日益多样化的现实和不断变化的发展趋势。

三、无缝隙服务

流动公共服务体现了公共服务供给的无缝隙理念。流动公共服务基于自身的优势和创新，在弥补现有公共服务供给模式不足的过程中体现出了典型的无缝隙服务。公共服务满足的是一个地区甚至一个国家大多数人的需求，维护的是大多数人的利益，但基于公共服务的特殊性，现实中总会有一些人“被遗忘”，公共服务供给中确实存在盲区和死角。从理论上来讲这种客观情况缺乏公平性，当前中国广大农村牧区基础教育资源、公共卫生资源的配置都面临这样的困惑和难题。流动公共服务这种创新的公共服务供给方式，在一定程度上就是针对公共服务供给中“被遗忘”的区域，为那些因各种客观条件无法及时享受各类公共服务的消费者提供服务，消除公共服务供给的盲区和死角，让公共服务之光普照到有需求的广大农村牧区，真正做到无缝隙服务。

第二节　方式创新：让公共服务流动起来

流动公共服务现象的出现本身就是一种公共服务供给方式上的创新。笔者及研究团队通过对农村牧区公共服务的长期关注，发现在广大农村牧区，尤其是在地广人稀、经济水平相对落后的边疆地区，在公共安全、公共医疗卫生、公共文化教育、农村牧区科技服务等领域都出现过流动公共服务的现象。流动公共服务从最初的使用简单工具开始，逐步形成了依托现代交通工具和网络；从最初的偶尔行为到当前的制度化、规范化的流动；这种变迁和日益规范体现出了公众对流动公共服务这种供给方式创新的认可。

流动公共服务的出现初衷是解决边疆地区地广人稀、公共服务资源有限、公共服务供给短缺的现实难题，但在长期的实践中发现了流动公共服务更合理的价值，即“让公共服务流动起来”，可以改变很多现有公共服务供给的弊端。例如，能够改变基层公共服务领域的“坐办公室”“坐等人来”的被动服务模式；也能够改变基层公共服务领域的“找不到人”“铁将军把门”的老百姓长期诟病的“懒政”现象。所以，流动公共服务从形式上看虽然仅仅是供给方式的改变，但这种简单的方式变革，却有可能破解很多领域的“顽疾”。

流动公共服务的方式创新体现在如下几方面：

首先是供给手段的多元化。供给手段的多元化是指流动公共服务依托不同的载体进行供给。传统的公共服务供给往往是被动供给，只需要在固定的时间、地点提供服务即可，对于公共服务供给手段的要求较少。而流动公共服务的供给手段则由于供给对象、供给环境的复杂性呈现出多元化的特征。目前，最基本的流动公共服务供给手段依靠车辆等交通工具提供，诸如流动警务室、流动文化车等。与此同时，互联网也成为流动公共服务供给的重要手段，通过互联网，人们可以对供给内容进行个性化的选择。而且，目前政府购买流动公共服务成为新的趋势，许多专业性强的公共服务均有社会组织来参与供给。

其次是供给内容的整合性。现有公共服务的职能较为单一，例如医疗机构仅提供医疗服务，法院仅提供诉讼服务等。部门壁垒和政府机关的特性导致了流动公共服务的职能单一性，但在流动公共服务中，由于供给对象的服务可及性不足，所以在一次流动公共服务的供给中需要整合多项服务以满足不同的需求。以流动医疗服务为例，医生通过巡诊的方式提供疾病诊疗、慢性病定期检查与慢性病配药的服务，整合了医院、药店等医疗机构的职能。又如流动法律服务，不仅在供给现场提供诉讼代理服务，同时也提供代书、帮教、法律咨询、法律宣传等服务，整合了法院、律师事务所等职能。职能的整合节约了流动公共服务的供给成本，同时也更好地满足了偏远地区的公共服务需求。

最后是供给对象的精细化。传统的流动公共服务对供给对象的概念较为模糊，凡是具有相应公共服务需求的都可以视作公共服务的供给对象。然而在流动公共服务中，许多偏远地区、落后地区的群体以及少数民族群体、社会边缘群体、社会弱势群体等由于自身原因与实际条件限制，难以享受到相应的公共服务。流动公共服务的一大理念正是为这些群体服务，从而实现供给对象的精细化识别，以满足社会弱势群体的公共服务需求，真正实现公共服务的均等化。

第三节　体系创新：流动公共服务类型构建

从理论上讲，流动公共服务的研究局限于概念提出和现象描述的阶段，然而作为一个理念体系，关于流动公共服务的深入剖析研究仍然较为缺乏。目前学术界的文献内容集中于提出流动公共服务的概念以及流动公共服务在社会治理、公共服务均等化方面的显著意义。本研究在现有研究的基础上，结合了目前我国的重要战略部署，构建了流动公共服务的理念体系以及类型学分析框架。

首先，本研究对流动公共服务的理念体系进行了完善，这有助于流动公共服务的进一步研究以及政府部门更有效、精准地提供流动公共服务。目前，学界对于流动公共服务的文献多基于对流动公共服务这一概念本身的阐述，没有进行流动公共服务理论体系的构建。而从政府管理的角度而言，例如吉林省、浙江省等许多地方政府出台了关于某一领域的流动公共服务政策文件，然而政策文件中并未针对流动公共服务这一宏观概念进行明确的阐述和界定。基于此，本研究通过道格拉斯·诺斯的制度层次分析来对流动公共服务的理念体系进行构建，从而让流动公共服务的概念更加丰满。流动公共服务的理念体系构建之后，对于流动公共服务制度理念、行为方式、供给范畴等内容都能够明确地知悉，在此基础上，政府部门可以进一步探讨流动公共服务的全国性标准体系建设，从而促进流动公共服务的标准化发展，以为地方政府加强流动公共服务体系建设提供政策基础。

其次，本研究对现有的流动公共服务实践进行了二维类型学分析，从而概括了流动公共服务的基本特征。通过类型学分析，各地现有的流动公共服务实践手段与操作方法基本被纳入类型学框架中，不仅有助于对流动公共服务的实践进行类型归纳，同时也为流动公共服务的发展厘清了规律。目前流动公共服务在不同公共服务领域内有不同的实践经验和做法，甚至不同地方政府的流动公共服务供给方式也不尽相同。为了厘清流动公共服务的特征，弄清楚流动公共服务的本质，本研究构建了类型学框架将现有的流动公共服务实践囊括在内。本研究通过类型学分析将现有的流动公共服务分为四种类型，每一种类型分别对应着国家治理能力和治理体系现代化建设以及政府职能转变背景下政府部门与社会组织、市场如何进行交互的过程。每一种流动公共服务类型分别对应着不同的社会条件，对多种类型进行研究有助于政府部门进一步完善社会治理体系、加快政府职能转变、建立服务型政府，同时满足社会的公共服务需求。此外，针对不同类型的流动公共服务研究有助于政府部门在不同情况下选择不同的流动公共服务供给方式组合，以更加灵活地满足公共服务需求。

第四节　体制机制创新：纳入社会治理领域

随着我国社会经济文化的发展与人民生活水平的不断提高，公共服务供需不匹配、地区间公共服务供给不平衡以及城乡公共服务供给的非均等化等已经成为制约社会经济发展的重要因素。本研究结合当前公共服务供给机制和组织结构不完善的困境，创新性地提出流动公共服务的概念，并将其纳入社会治理领域进行研究，旨在通过此研究将公共服务纳入社会治理领域，整合并重新定位政府的公共服务职责，健全公共服务供给机制，特别是强化基层政府供给的执行力和需求导向，创新公共服务供给的体制机制，为公共服务乃至社会治理改革提供新途径。

首先，本研究提出的流动公共服务，通过运用先进的信息技术从横向和纵向层面创新了公共服务供给机制，打破部门间、地区间的隔阂，整合跨地区的力量与资源，由“碎片化”的管理向“整合式”的治理转变。传统的公共服务供给机制往往表现为公共服务供给主体及提供区域固定化，并不适用于边疆民族地区人口、区域较为分散的实际情况。流动公共服务所提供的上门服务、流动性的供给等供给方式在一定程度上有效地改善了当前公共服务供给过程中出现的“权责与资源配置的不合理，纵向权力层级过多”的组织结构关系。一方面，流动公共服务所实现的横向变革扩大了跨区域与专业化区域的管理幅度和业务范围，运用整体性治理思维整合多元主体及资源，逐步建立起政府主导的多元主体差异化供给机制，加快公共服务供给方式由统一化向差异化转变，使得公共服务供给主体更加多元，公共物品供给结构更加丰富，实现边疆民族地区和落后地区公共服务的错位灵活供给。另一方面，流动公共服务主张在公共服务过程中引入公私部门合作，鼓励市场主体与社会组织以及社会各阶层、个体的共同参与，实现错位灵活供给，以消除边疆民族地区公共服务供给过程中由地域面积广、人口分布零散、资源分布不均衡等产生的公共服务“碎片化”问题。让公共服务流动起来有利于协调与整合公共服务供给中的运行主体、供给方式以及服务流程，为公众提供更为灵活、快速、实用的公共服务。

其次，将流动公共服务纳入社会治理领域，有利于创新不同层级间公共服务供给形式，也可采取实现跨层级的公共服务供给，让组织结构向扁平化转变，在各层级之间形成了跨越式的公共服务供给主体，缩短各行政层级之间提供公共服务的距离，大幅提高边疆民族地区公共服务供给的时效性。正如施蒂格勒在《地方政府功能的有理范围》中提到的原则：与中央政府相比，地方政府更接近于自己的民众，地方政府更了解它所管辖公民的效用与需求。流动公共服务根据服务对象的不同和特定的需求人群来提供方式多样、途径灵活的服务，既可以根据公共服务供给对象的实际情况科学地调整，也可以根据地点的变化来迅速调整满足不同主体的需求。在公共服务供给过程中，不同层级的政府对公共服务的社会需求和供给现状本质上存在着信息不对称的问题，在流动公共服务过程中以需求为导向的公共服务供给有利于实现公共服务标准化、均等化、精细化的整体模式，更能满足弱势群体和落后地区对公共服务的需求，缩小区域间、城乡间、群体间的差距，更加凸显服务型政府的价值。

第六章　流动公共服务与社会治理：普适性及前景展望

从目前的研究来看，流动公共服务的研究视角仍集中于边疆民族地区。若将视野扩大至全国范围，却不难发现流动公共服务已经在许多地方展开了实践。从实践角度而言，流动公共服务在边疆民族地区发挥了巨大的作用，其具备的核心特征和理念使流动公共服务能够作为我国实现公共服务改革的现实路径。从转型时期我国的发展战略来看，流动公共服务也有着一定的正向协同作用。

第一节　流动公共服务的普适性

一、流动公共服务在边疆民族地区的优势

第一，流动公共服务的供给打破了边疆民族地区经济发展落后的恶性循环。边疆民族地区的经济发展较为落后，带来了人民群众生活水平低下、政府部门财政收入不足、公共服务基础设施和供给落后等连锁反应。现有的公共服务供给需要大量的政府财政投入固定设施的建设中，流动公共服务则突破了现有公共服务的时空局限，并不依托固定设施来进行供给，而是通过政务资源整合的方式将公共服务职能依托流动的载体进行供给。因此，流动公共服务的供给可以很好地将现有的公共服务资源进行整合，从而避免了政府财政资金的不断投入，也降低了公共服务供给对经济

发展水平的依赖程度。

第二，流动公共服务的供给缩小了人民群众享受公共服务的空间距离，增加了公共服务的可及性。由于边疆民族地区的人口居住分散，地广人稀，现有的公共服务又要固定在某一地点，这就造成了公共服务设施的服务半径有限与人民群众享受公共服务的可及性和便利性问题。流动公共服务以主动上门服务为核心理念，并非将公共服务限制在一定的区域等待有需求的人上门寻求服务，而是主动地将部门公共服务递送到人民群众的身边，让人们“足不出户”即可享受到相关的公共服务。

第三，流动公共服务的供给保证了边疆民族地区社会文化的活跃性与健康性，并进一步提升了边疆民族地区人民的精神生活水平。边疆民族地区由于多民族的成分导致社会文化较为复杂且具有一定的民族特征。流动文化公共服务的供给则能够将优秀的社会主义文化、先进的思想等在边疆民族地区传播开来，从而保证边疆民族地区社会文化的活力。而且，流动文化公共服务通过文艺演出、展览、电影放映、图书等方式为提升边疆民族地区人民群众的精神生活水平加以保障。

第四，流动公共服务的供给进一步提升了边疆民族地区人民群众的幸福感和获得感。新时代下，社会主要矛盾已转变为人民群众对美好生活的需求同发展不平衡、不充分之间的矛盾。因此，提升人民群众的幸福感和获得感是当前政府的核心目标。我国发展的不平衡、不充分具体就表现在边疆民族地区与发达地区之间的发展差距，而流动公共服务的供给则从公共服务的角度努力抹平地区之间的发展差距，为边疆民族地区的人民群众提供高质量的公共服务，从而进一步提升其幸福感和获得感。

二、流动公共服务在全国范围内的普遍适用性

（一）流动公共服务的普适性

流动公共服务的相关研究多关于少数民族地区及边疆地区等落后地区，目前的文献也认为流动公共服务在边疆民族地区有着广泛的适用性。但从目前来看，流动公共服务不仅在上述地区有着良好的适用性，其在

全国范围内也有着良好的适用性。流动公共服务作为一种公共服务的创新供给方式，其供给的思路和手段可以作为其他公共服务供给的有益借鉴。流动公共服务目前在边疆民族地区供给的一些方法和内容值得进行推广。

第一，公共服务的供需不平衡不仅发生在边疆民族地区。采取现有的公共服务供给方式将难以跟上新时代的步伐，这就需要新的方式来适应新的环境。作为对现有公共服务供给方式的补充，流动公共服务为改善公共服务供给增加了新的维度。

第二，流动公共服务提供的服务符合人民的基本需求，提供的服务质量相对较高。流动公共服务涉及的范围很广，文化、卫生、科技、医疗等很多服务都可以作为流动公共服务的内容，在全国范围内都可以借鉴推广。通过流动的方式将公共服务提供给群众，流动服务不光在边疆民族地区发挥作用，也可以在城市等地区“大展身手”。

第三，流动公共服务本质上是灵活的，并且可以根据不同的需求和环境进行不同的形式内容调整，例如浙江省的文化大篷车和贵州省的流动司法所。因此，流动供给的方式可以灵活地应对不同地方政府公共服务供给的实际情况，从而提出具有针对性的供给方案。

第四，流动公共服务深入到人民群众中去，可以精确了解群众的想法，及时反馈群众的意见和建议，这样也避免了很多不必要的程序和供与求的不一致性，提高了公共服务的质量以及效率。可以说，流动公共服务为公共服务的顺利供给和服务型政府的建设提供了有利条件。

（二）流动公共服务推广的可行性及难点

目前，大数据时代的到来使公民的表达渠道变得更加丰富。随着手机和网络的发展，数字政府逐渐凸显了自身的优势。移动政务平台的出现大大提高了政务效率及与群众交流的便捷性，群众可以在移动平台上发表意见和看法。这些看法和意见将会汇集成政府大数据中的重要组成部分，通过数据分析，政府部门可以对社会的公共服务需求进行深入的分析。流动公共服务的提供可以基于此类信息，知道何处需要以及决定在何处提供信息所需的公共服务。通过这种方式，流动公共服务的供给可以延伸到全国范围。

流动公共服务虽然在很多地方都已开展实践，但是在全国范围内推广也存在一些难点。例如流动公共服务这种方式体系的构建还不够系统化，研究的一些细节尚未到位，实际操作需要更具体、更详细的研究。此外，流动公共服务仍处于起步阶段，诸如成本机制等实际运作中出现的问题有待解决。

第二节　流动公共服务的前景展望

一、流动公共服务体系构建和供给方式将更加成熟

首先，流动公共服务理论体系构建将更加成熟。本研究在结合他人研究的基础上提炼流动公共服务的创新理念，构建流动公共服务运行机制和理论框架，对流动公共服务的理念体系进行了完善，丰富了流动公共服务的概念和内涵。基于现有研究理论基础和各地丰富的实践经验，学界对流动公共服务相关研究不断深入和完善，这表明并预示了流动公共服务在理论体系构建上将会更加成熟。

其次，流动公共服务的供给方式将更加成熟、全面。目前各地流动公共服务供给方式不尽相同，不同的公共服务领域的实践经验和做法也各有千秋。地方政府对流动公共服务供给方式的探索体现了各地对于公共服务方式创新的迫切需求。流动公共服务作为一种公共服务供给方式的创新，改变了传统被动式的公共服务供给方式。随着互联网、大数据、移动政务等新兴技术的发展，未来流动公共服务的供给方式将不仅仅局限于现有实践经验，流动公共服务将与各地大数据治理、移动政务建设、智慧城市建设等规划紧密结合。通过互联网和大数据等网络信息技术准确识别不同地区和不同人群的公共服务需求，实现更加多元化、精细化、科学化的流动公共服务供给。

二、流动公共服务可作为边疆地区公共服务的创新手段

边疆民族地区特殊的地理人文环境决定了边疆民族地区公共服务需求与其他地区存在巨大差异。流动公共服务作为一种新的公共服务供给方式，依托其在边疆民族地区文化、教育、医疗、社会治安等方面独特的优势，未来将可能成为边疆民族地区的最优公共服务供给方式。

流动公共服务的主动性、流动性等特点能够解决边疆民族地区地广人稀、经济社会发展相对落后和公共服务供给短缺的现实困难，同时能够满足广大农村牧区日益多样化的公共服务需求，因地制宜地为不同地区和人群提供更加精细化的公共服务。随着国家基本公共服务均等化进程的推进，各级政府对公共服务的重视程度日渐加深，财政投入越来越多，服务方式日益多样化，公众对公共服务也提出了更加多样化和多层次的需求，因此流动公共服务作为新的公共服务供给方式，将成为边疆民族地区公共服务供给的重要途径，未来将在满足边疆民族地区特殊公共服务需求、维护边疆民族地区社会稳定和创新边疆社会治理方式等方面发挥巨大作用。

三、流动公共服务成为促进公共服务均等化的重要实现手段

现有公共服务往往体现出固定性、被动性等特征，流动公共服务这一供给方式的出现弥补了现有公共服务供给方式的短板，使公共服务供给方式更加灵活，可因地制宜地变动公共服务供给方式或提供不同的供给模式，同时公共服务也由被动服务转为主动上门服务，可满足不同群体多层次、多样化的公共服务需求。流动公共服务在实现基本公共服务均等化进程中发挥着重要的作用，目前我国政府采取一系列政策措施缩小公共服务在地区、城乡之间的差距，实现基本公共服务均等化目标。流动公共服务通过主动服务的方式一方面满足不同地区和群体的公共服务需求，另一方面也通过该方式了解并收集公众的真实需求，以此来提供符合群众需求的公共服务，从而实现公共服务的机会均等和水平均等，促进公共服务均等

化。随着流动公共服务的广泛应用和日趋完善，未来流动公共服务将成为促进公共服务均等化的重要实现手段，同时也将弥补现有公共服务供给短板，成为公共服务供给方式、途径创新的重要抓手。

四、流动公共服务成为提升公民满意度和获得感的新方向

流动公共服务是一种公共服务供给方式的创新。一方面，这种创新的公共服务供给方式可适用于全国存在地广人稀、公共服务资源有限、公共服务供给短缺等现实难题的边疆民族地区；另一方面，流动公共服务这种流动的方式未来将适用于全国范围内，满足不同地区、不同群体、不同层次的公共服务需求，提供更加精细化的公共服务，成为提升公民对公共服务满意度和获得感的新方向。

现有的公共服务供给时间地点相对较为固定，流动公共服务则利用各种载体将公共服务整合并流动起来，根据不同地点不同需求变换不同的公共服务供给方式，从而更加有效地匹配政府公共服务供给与公民需求，并由过去的被动服务转变为主动上门服务，供给方式的转变使群众可以通过公共服务主动上门的方式享受服务。在当前我国人民对美好生活需要日益增长的发展环境下，流动公共服务供给方式无疑是提升公民满意度和获得感的新方向。基于前文对流动公共服务普适性的分析，让公共服务流动起来这一创新性的公共服务供给方式不仅适用于边疆民族地区，同时适用于全国其他城市和农村，未来流动公共服务供给方式将适用于全国范围。

五、流动公共服务与未来政府改革的逻辑互动

（一）精细化政府与流动公共服务

前文提到，政府精细化管理理论是流动公共服务形成的理论基础之一，“精、准、细、严”的理念对流动公共服务的行为产生了深远影响。反之，精细化政府的建设也可以将流动公共服务作为手段之一。流动公共服务的整个过程都贯穿着精细化的思想：一是服务对象的识别，在服务对象的识别过程中，要注意在保障大部分群体的公共服务需求满足基础上关

注特殊群体的公共服务需求以及公共服务的分层需求。二是服务提供环境的精准评估。在提供流动公共服务前要对服务提供的地理环境、社会环境、文化环境等方面做分析，以免出现流动公共服务在供给过程中的“水土不服”现象。三是服务提供手段的精细化控制，要针对不同的服务提供内容、对象等采用不同的供给手段。四是评估和监督，旨在对流动公共服务的有效性进行评价。而在这四个方面中蕴含着政府的公共决策、信息收集、行政、内部评估等管理活动，这些活动必然进一步体现了精细化的理念。可以说，政府精细化管理理论为流动公共服务提供了制度的理论基础，而流动公共服务的实践和更新则进一步丰富了政府精细化管理的理论内涵和细节。

（二）大部制建设与流动公共服务

大部制建设与流动公共服务供给有着理念上的异曲同工之妙，大部制强调将职能相近的部门进行整合以建设服务型政府①，而流动公共服务则强调在一次服务中通过服务内容和资源的整合尽可能地服务更多的群体和地区。目前，大部制改革仍在积极探讨职能整合的具体内容，而流动公共服务的发展则为大部制的职能整合提供了思路和实验手段。流动公共服务现有的供给内容和方法为大部制职能整合提供现实依据，而计划和讨论中的职能整合方案可以先通过流动公共服务供给的方式试行以达到模拟实验的效果。

（三）乡村振兴与流动公共服务

2018 年中央一号文件提出了乡村振兴战略及其总体要求，而流动公共服务对乡村振兴战略的实施有三点作用：一是推进了文化振兴战略。农村的文化基础设施较差、文化氛围不浓厚，许多文化服务需求很难得到满足。流动文化服务的供给包含了从娱乐方面到科学文化方面的广泛内容，切实地满足了人民群众的文化服务需求，提升了农村地区的整体文化素质，营造浓厚的文化氛围。同时，在文化服务提供的过程中有意地将社

---

① 张康之．走向服务型政府的“大部制”改革［J］．中国行政管理，2013（5）：7-10.

会优良文化和精神融入其中，对实现乡风文明起到巨大的推动作用。二是完善了基层治理体制建设。流动公共服务不仅仅以政府为供给主体，作为社会治理创新方式之一的社会力量参与也是流动公共服务供给的重要力量。因此，在流动公共服务的供给中，社会力量的不断参与构建和完善了基层治理的体系。三是为生活富裕提供了保障。生活富裕不仅仅是指农村地区的收入提升，生活质量的提升也是重要的议题之一。流动公共服务将那些原来难以享受的服务内容整合并上门提供，极大地提升了农村地区的公共服务质量和水平。可以说，在乡村振兴战略的推进中，流动公共服务起到了巨大的推动作用，除了上述方面外还有许多方面等待挖掘。

（四）大数据技术与流动公共服务

大数据技术的发展引发了流动公共服务供给的技术变革，而流动公共服务的供给则为大数据技术的分析和应用提供了数据基础。随着大数据技术的出现，预测模型、舆情监测、信息平台的使用让流动公共服务得到了相应的升级。在需求分析阶段，流动公共服务可以根据网上的信息平台展开需求分析，同时也能根据舆情监测系统提前发现公共服务需求方面的相关舆情状况以通过及时供给来化解冲突。[①] 而且，通过预测模型的使用流动公共服务甚至可以对服务的对象进行精准的预测分析。从提供手段上，流动公共服务可以进一步实现供给手段的多元化。例如前文的法律服务回访制度，通过网络进行回访虽然对受访者有一定要求，但其能节约更多的机会成本。从评估和监督上，大数据技术能够对流动公共服务的满意度进行外部的测评。通过爬虫等技术可以在网站上收集到人们对于每一次流动公共服务的看法，并根据情感分析等手段来判断其满意度。

而反过来，流动公共服务的每一次供给能够为大数据技术的分析带来数据基础。人数据分析需要大量的数据作为支撑，而在一些落后地区，信

① 孟天广，赵娟．网络驱动的回应性政府：网络问政的制度扩散及运行模式［J］．上海行政学院学报，2018，19（3）：36-44.

息技术基础设施较差，而建设信息设施需要大量的资金投入且周期较长。流动公共服务供给的特点之一就是深入基层，那么在流动公共服务的过程中有意地就政府需要的数据进行收集，成为数字政府建设的推动手段之一。

六、流动公共服务类型矩阵的维度升级

类型学的分析被分为单维、二维和多维，而单维和二维的类型学框架仅仅考虑到事物的特征属性，尚未将时空的变化考虑在内。流动公共服务作为一种事物，也具有不断发展和绝对运动的属性，因此对流动公共服务的多维分析有助于掌握流动公共服务的发展时间阶段特征以及地区特征，从而丰富流动公共服务的理论体系，总结流动公共服务的发展规律以提供路径指导。

（一）流动公共服务类型矩阵的时间维度

本书在分析流动公共服务时并未将时间作为维度考虑，而是侧重于流动公共服务的供给主体、客体、内容、手段等方面。但是随着时间的推移，流动公共服务的主体、客体、内容、手段等方面会随着社会环境的变化而产生变化。研究不同时间段下社会背景与公共政策影响的流动公共服务体系有助于我们掌握流动公共服务的发展脉络，理顺其各部分的逻辑关系，同时也有助于我们对未来的流动公共服务体系建设进行思考。

（二）流动公共服务类型矩阵的空间维度

流动公共服务的空间维度是指流动公共服务供给在地区之间的差异。在我国，经济发展的差异造成了东西部地区的经济界限划分，因此流动公共服务在不同地区的供给方式、供给内容、供给主体和对象等方面都存在着显著的差异。通过空间维度的引入，能够对每个地区流动公共服务的主体特征、对象特征、手段特征加以梳理，从而划分出流动公共服务供给不同差异的几大地区，每个地区有着自己独特的流动公共服务供

给方式。空间维度下的流动公共服务研究不仅提炼了地区之间的流动公共服务特征，同时也将流动公共服务与经济发展、文化差异、社会建设等方面进行有机结合，实现了跨领域的互动。而且，流动公共服务的空间特征研究有助于地方政府在推动流动公共服务时根据地方实际选取不同的供给方式。

七、流动公共服务的体系扩展

随着流动公共服务实践的不断推动，流动公共服务在不同领域的功能和作用已经得到了验证，并且有一些地区已经开展了流动公共服务体系拓展的有益探索。

（一）流动公共服务的供给领域拓展

目前流动公共服务供给虽然在其他领域也有所涉及，但主要仍集中在文化、法律、安全和医疗四大方面，而这四个方面的流动公共服务供给模式和成功经验势必会对其他的公共服务领域造成影响，哪些公共服务能通过流动公共服务的方式供给，是值得思考的问题。

（二）流动公共服务的对象和地区拓展

学界对流动公共服务的研究多将视野集中于边疆民族地区和落后地区，认为流动公共服务对于这些地区的公共服务提升有着重要的意义，然而从目前的实践来看，流动公共服务的作用领域和规模不应该仅仅限制在边疆民族地区和落后地区及其居民，我国的发达城市、普通市民也能够通过流动公共服务享受到更加便捷的服务，同时政府部门也能节约一定的资源和资金。以流动图书馆为例，内蒙古自治区不仅在牧区开展流动图书馆服务，同时也在呼和浩特市等市区为普通市民提供流动文化服务，满足了其读书、借书的需求。因此，公共服务在发达地区的供给是有一定现实意义的，但在发达地区流动公共服务显然要与边疆民族地区和落后地区的供给机制有所区别，这也是未来研究的重要方向之一。

（三）地方政府实践与流动公共服务的体系构建

本书在前期的实践和相关理论研究基础上建立起了流动公共服务的理论

体系，在理论体系中不仅包含静态的指导理念和目标，也包含动态的供给主体、手段等内容。但流动公共服务的理论体系构建基于大量的地方政府实践以及文献研究，仍然属于理想化的范畴，目前在地方政府的实践中，流动公共服务的体系仍亟待完善。因此，为进一步提升流动公共服务的供给水平，地方政府需在实践中加强流动公共服务的体系构建。

1. 在政府主导的基础上加强社会力量参与

目前，部分地方政府已经将社会力量纳入流动公共服务的供给体系中来，社会力量成为流动公共服务的供给主体之一，以作为政府供给的补充。但是从全国整体情况来看，流动公共服务供给仍然体现出以政府为主要供给对象的特征。诚然，在转型期下，我国的社会组织发育尚未成熟，难以作为社会治理的主体深入地嵌入政府的职责体系中去。但目前，公共服务需求的复杂程度远超政府的供给能力，因此以政府为主导基础上的多元主体参与势在必得。地方政府在流动公共服务供给的实践过程中，应进一步加强对社会力量的培育，并为社会力量参与流动公共服务的供给提供环境和条件。从现实角度而言，社会力量参与公共服务的供给不仅减轻了政府负担，同时也体现出“共治、共建、共享”的理念，提升了流动公共服务供给的精准化程度。

2. 进一步激发市场活力

从流动公共服务的供给领域来看，目前的流动公共服务供给仍然存在一定局限。我国的流动公共服务供给仍以政府部门为主导，因此在面对一些较为专业或较为特殊的公共服务需求时，政府部门便显得无能为力。市场作为以营利为主要目标的主体，在专业性和特殊性方面的满足上有着极大的优势。从流动文化服务的角度来看，专业的演艺公司在流动文化演出方面显然更受欢迎。因此，政府部门应当进一步探讨在哪些领域实行以政府和社会力量为主导的流动公共服务供给方式，在哪些领域则引入市场力量的参与。

3. 为流动公共服务赋予更多政策内涵

流动公共服务作为一种公共服务供给的创新方式，体现出了极强的整合性。但从实际情况而言，这种整合性不仅体现在服务内容本身，还体现在地方政府能为流动公共服务赋予更多的政策内涵。前文对流动公共服务与目前我国的主要政策进行了关系的界定和展望，但从国家发展的角度而言，流动公共服务不仅对现有的公共政策和国家大政方针有着正向协同作用，其在未来，仍可被赋予更多的政策内涵，从而进一步为国家基本政策和方针的实施提供实践路径的引导。

结　语

本书在前期研究的收集资料阶段发现，流动公共服务的研究和实践尚处于起步阶段，因此希望在前人研究的基础上进一步深入。本书主要从实践和理论两个层面对流动公共服务进行了探讨。

第一，流动公共服务的类型学分析。流动公共服务的类型学分析离不开大量的实践案例，因此具备一定的实践特征。通过案例的整理和归纳，本书构建出“权威—自觉”“权威—回应”“公益—参与”“公益—志愿”的流动公共服务四大类型，并针对每一类型进行了详细的流程分析和功能限度讨论。流动公共服务的类型学模型构建不仅对地方政府分析和判断流动公共服务供给的现实条件起到参考作用，同时也为流动公共服务的体系构建填充了要素。

第二，流动公共服务体系的构建。流动公共服务的体系构建更多体现出理论的特征。在参考前人对流动公共服务的概念构建基础上，本书提出了对流动公共服务的概念界定及其内涵，并根据道格拉斯·诺斯的制度理论构建了流动公共服务的体系框架，最终形成包括“理念驱动”“制度设计”和“运行方式”三个层次的体系。在参考了流动公共服务的类型学模型及其分析后，结合流动公共服务的概念、实践案例，本书对流动公共服务体系进行了进一步填充，确定了以均等、主动上门为目标理念，以政府、社会组织和市场力量等多元主体为供给主体，以偏远地区、落后地区、弱势群体和普通公民为供给对象，以法律、医疗、文化和安全四大服务为供给内容，以购买服务、网络平台建设、高科技运用为供给方式的动态静态结合的流动公共服务体系。

第三，本书通过典型案例进一步帮助读者了解流动公共服务这一公共服务供给方式在社会治理实践领域的重要作用。通过前文对流动公共服务的类型学分析，采用了类型分析视角对不同类型下的流动公共服务具体实践进行了阐述。

第四，本书结合大量案例与访谈经验，对现有的流动公共服务供给方式进行了类型学分析，以“驱动方式”和“供需向度”两项核心属性为轴勾勒出流动公共服务供给方式类型矩阵模型，将现有的流动公共服务实践及做法整合、概括。在分类的基础上，本书对每种类型进行了详细的策略分析，从理念到供给方式都进行了详细的探讨。

第五，本书的创新价值体现于理论价值和实践价值方面。一方面，构建、补充并丰富了流动公共服务的概念和内涵，对流动公共服务的运作模式进行类型学划分与阐述有利于将不同地区流动公共服务的供给方式整合归纳起来，建立起流动公共服务的制度体系。另一方面，创新了公共服务的供给方式，有利于实现公共服务供给手段的多元化、内容的整合性和对象选取的精细化，强化了公共服务供给的需求导向。

第六，本书就前期研究的成果进行总结，从实践和理论层面对流动公共服务进行展望，提出流动公共服务的政策价值结合以及实践层面的拓展应当作为未来研究的重要议题之一，对于祖国边疆地区而言，其理论意义和实践价值都具有开创性。

参考文献

[1] CARROLL N. So that' s what the impact of IT innovation looks like? Examining the socio-technical dynamics of public service innovation [J]. Journal of Enterprise Information Management, 2016, 29 (5): 1-29.

[2] CARVALHO C, BRITO C, CABRAL J S. Towards a conceptual model for assessing the quality of public services [J]. International Review on Public and Nonprofit Marketing, 2009, 7 (1): 69-86.

[3] DJELLAL F, GALLOUJ F, MILES I. Two decades of research on innovation in services: Which place for public services? [J]. Structural Change and Economic Dynamics, 2013, 27 (12): 98-117.

[4] GALLOUJ F. Innovating in reverse: services and the reverse product cycle [J]. European Journal of Innovation Management, 1998, 1 (3): 123-138.

[5] GALLOUJ F. Services innovation: assimilation, differentiation, inversion and integration [J]. Mpra Paper, 2002.

[6] HUME D. A treatise on human nature [M]. Oxford: Oxford at the Clarendon Press, 1888.

[7] SMITH A. The wealth of nations [M]. New York: Bantam Books (Random House), 2003.

[8] VAN DE WALLE S. When public services fail: a research agenda on public service failure [J]. Journal of service management, 2016, 27 (5): 831-846.

[9] VICKERS I, LYON F, SEPULVEDA L, et al. Public service innovation

and multiple institutional logics: The case of hybrid social enterprise providers of health and wellbeing [J]. Research Policy, 2017 (14): 1755-1768.

[10] E. S. 萨瓦斯. 民营化与公私部门的伙伴关系 [M]. 周志忍, 译. 北京: 中国人民大学出版社, 2002.

[11] 珍妮特·登哈特, 罗伯特·登哈特. 新公共服务: 服务而不是掌舵 [M]. 丁煌, 译. 北京: 中国人民大学出版社, 2004.

[12] 莱昂·狄骥. 公法的变迁: 法律与国家 [M]. 郑戈, 冷静, 译. 沈阳: 春风文艺出版社, 1999.

[13] 理查德·博克斯. 公民治理: 引领21世纪的美国社区 [M]. 孙柏瑛, 等译. 北京: 中国人民大学出版社, 2013.

[14] 白维军. 流动公共服务与边疆民族地区社会治理 [J]. 民族研究, 2017 (3): 14-26.

[15] 鲍宗豪, 宋贵伦. 大数据时代的社会治理创新 [N]. 中国社会报, 2014-12-19 (008).

[16] 曹永军, 崔赞梅. 公平正义语境下的社会治理体制创新 [J]. 河北大学学报 (哲学社会科学版), 2015, 40 (2): 112-115.

[17] 常健. 公共冲突管理 [M]. 北京: 中国人民大学出版社, 2012.

[18] 陈成文, 陈静. 论公共服务供给与新时代"弱有所扶" [J]. 贵州社会科学, 2019 (1): 59-65.

[19] 陈福今. 创新社会治理 [J]. 瞭望新闻周刊, 2005 (44): 11-13.

[20] 陈潭. 大数据驱动社会治理的创新转向 [J]. 行政论坛, 2016, 23 (6): 1-5.

[21] 成洪波, 徐选国, 徐永祥. 社会工作参与基层社会治理的机制创新及其实践逻辑——基于东莞市横镇的经验研究 [J]. 福建论坛 (人文社会科学版), 2018 (7): 126-135.

[22] 创建办制度设计研究小组. 鄂尔多斯市公共文化流动服务研究 [J]. 鄂尔多斯文化, 2013 (2): 8-13.

[23] 戴冰洁, 卢福营. 农村基层社会治理的权力调控模式创新——写在后陈村村务监督委员会诞生十周年之际 [J]. 浙江社会科学, 2014 (6):

80-86+157-158.

［24］戴鸿. 推进基层社会治理创新［J］. 中共福建省委党校学报，2014（8）：42-45.

［25］戴文亮. 民族地区基础教育服务均等化及其路径探讨［J］. 新疆社科论坛，2013（2）：85-88.

［26］戴香智，马俊达. 大数据时代下的社会治理创新：概念、关系与路径［J］. 中国科技论坛，2016（10）：39-44+52.

［27］邓娟. 农民理性与民族地区农村社会治理创新——以喀什地区英吉沙县S村为例［J］. 新疆大学学报（哲学·人文社会科学版），2015，43（3）：37-41.

［28］董田甜，赵晖. 社会治理体制的变革逻辑与创新路径——基于民生政治的视角［J］. 行政论坛，2016，23（4）：1-6.

［29］杜永红. “互联网+”农村社会治理创新发展对策［J］. 江苏农业科学，2017，45（8）：338-341.

［30］杜治洲，汪玉凯. 电子政务与中国公共服务创新［J］. 中国行政管理，2007（6）：47-50.

［31］段妍. 马克思视野下“国家—社会”关系理论与中国现代社会治理创新［J］. 理论探讨，2015（3）：20-23.

［32］付建军，张春满. 从悬浮到协商：我国地方社会治理创新的模式转型［J］. 领导科学，2017（10）：21.

［33］高萍. 区域基本公共教育均等化现状、成因及对策——基于全国各省（市、自治区）面板数据的分析［J］. 宏观经济研究，2013（6）：91-97.

［34］郭风英. “国家—社会”视野中的社会治理体制创新研究［J］. 社会主义研究，2013（6）：70-75.

［35］韩勇，李波. 边疆民族地区社会治理的创新实践［J］. 开放导报，2016（1）：110-112.

［36］何继新，李莹. 公共服务供给“共建共享”的创新转向：一个网络化治理论纲［J］. 长白学刊，2017（1）：55-62.

［37］和思鹏. “国家—社会”视阈中民族地区社会治理现代化研究——

历史逻辑、边界重构与机制创新［J］. 贵州民族研究，2016，37（10）：56-60.

［38］呼连焦，刘彤. 大数据视域下社会治理：机遇、挑战与创新［J］. 湖湘论坛，2018，31（4）：63-70.

［39］胡晓明，高荣. 基层社会治理中公民参与机制创新［J］. 人民论坛，2015（32）：34-36.

［40］江必新，李沫. 论社会治理创新［J］. 新疆师范大学学报（哲学社会科学版），2014，35（2）：2+25-34.

［41］姜晓萍. 国家治理现代化进程中的社会治理体制创新［J］. 中国行政管理，2014（2）：24-28.

［42］蒋薇，唐晓阳，陈家刚，等. 地方政府整体性治理与公共服务创新——基于广州市海珠区“互联网+政务服务”的实证分析［J］. 党政研究，2016（6）：108-115.

［43］李德嘉. 儒家“德治”思想的社会治理创新价值［J］. 理论与改革，2016（1）：56-60.

［44］李利文，申彬，彭勃. 城市基层治理创新中的“认知内卷化”——以上海XH区物业管理深化改革为例［J］. 社会科学研究，2016（2）：39-51.

［45］李万钧. 关于创新基层社会治理的实践与思考［J］. 理论视野，2017（9）：54-60.

［46］刘斌，孟维，刘子惠. 无缝隙政府理论的改革与实践［J］. 沈阳大学学报，2006（6）：33-35.

［47］刘成良. 行政动员与社会动员：基层社会治理的双层动员结构——基于南京市社区治理创新的实证研究［J］. 南京农业大学学报（社会科学版），2016，16（3）：137-145+160.

［48］刘玮. 农村社会治理权力体制创新的三个关键问题［J］. 求索，2014（3）：114-117.

［49］刘银喜，任梅. 精细化政府：中国政府改革新目标［J］. 中国行政管理，2017（11）：107-110.

［50］刘银喜，任梅. 流动公共服务：公共服务供给方式创新——概念提

出、逻辑起点及创新价值［J］. 中国行政管理，2015（8）：83-87.

［51］刘筠梅，穆榕. 论乌兰牧骑在新时代的重新定位及功能转化［J］. 内蒙古艺术，2018（4）：4-8.

［52］卢宪英. 紧密利益共同体自治：基层社区治理的另一种思路——来自H省移民新村社会治理机制创新效果的启示［J］. 中国农村观察，2018（6）：62-72.

［53］路广. 乌兰牧骑对民族艺术传播的意义与价值［J］传媒，2018（9）：57-58.

［54］罗会军，范如国. 社会制度系统的复杂“二相性”与社会治理创新研究［J］. 学习与实践，2016（2）：94-103.

［55］马海韵. 共建共治共享：国家级新区社会治理格局［J］. 学海，2018（5）：89-95.

［56］马庆钰. 公共服务的几个基本理论问题［J］. 中共中央党校学报，2001（1）：58-64.

［57］孟天广，赵娟. 网络驱动的回应性政府：网络问政的制度扩散及运行模式［J］. 上海行政学院学报，2018，19（3）：36-44.

［58］彭向刚，张杰. 论我国公共服务创新中公民参与的价值及路径［J］. 吉林大学社会科学学报，2010，50（4）：5-10+159.

［59］蒲庆. 重庆市流动公共文化服务政策回应性评估［D］. 重庆：西南大学，2018.

［60］羌洲. 我国少数民族地区社会治理体系创新探析：基于社会风险的测度［J］. 西北民族研究，2014（2）：157+187-194.

［61］冉昊. 西藏基层社会治理的创新、问题与对策［J］. 科学社会主义，2017（3）：97-101.

［62］任维德. “流动公共服务”研究论纲——兼论边疆少数民族地区服务型政府建设［J］. 内蒙古社会科学（汉文版），2014，35（1）：6-11.

［63］邵静野，来丽梅. 社会治理体制创新中社会协同机制的构建［J］. 东北师大学报（哲学社会科学版），2014（1）：204-206.

［64］苏明，贾西津，孙洁，等. 中国政府购买公共服务研究［J］. 财政

研究，2010（1）：9-17.

［65］孙涛. 以扩大公众参与推进社会治理体制创新［J］. 理论导刊，2015（11）：21-24+36.

［66］孙晓莉. 政府公共服务创新：类型、动力机制及创新失败［J］. 中国行政管理，2011（7）：47-50.

［67］唐爱军. 社会治理体制创新路径探析［J］. 开放导报，2014（1）：67-70.

［68］唐鸣，祁中山. 理解社会治理创新的三个维度［J］. 科学社会主义，2015（2）：108-112.

［69］陶国根. 大数据视域下的政府公共服务创新之道［J］. 电子政务，2016（2）：68-73.

［70］陶希东. 大数据时代中国社会治理创新的路径与战略选择［J］. 南京社会科学，2016（6）：85-90.

［71］王江伟. 中国社区治理创新的特征、动因与绩效——基于“中国社区治理创新成果”的多案例分析［J］. 求实，2017（12）：61-73.

［72］王连伟. 国家治理现代化进程中的社会治理创新：非均衡性及其应对［J］. 教学与研究，2015（2）：36-43.

［73］王诗宗，吴妍. 城镇化背景下的基层社会治理创新——杭州市余杭区街道民主协商议事会议制度分析［J］. 北京行政学院学报，2017（4）：35-40.

［74］王世卿，王尚坤. 新疆暴恐犯罪的基层社会治理创新研究［J］. 山东警察学院学报，2018，30（4）：119-123.

［75］王思斌. 中国社会工作的嵌入性发展［J］. 社会科学战线，2011（2）：206-222.

［76］王勇. 改革开放以来中国社会治理创新的历史考察［J］. 科学社会主义，2013（6）：102-106.

［77］王勇. 社会治理创新与政府积极作为［J］. 国家行政学院学报，2017（1）：66-70+127.

［78］王玉珍. 多维变动下社会治理模式的创新［J］. 南京社会科学，

2006（5）：78-82.

［79］温德诚．精细化管理浅谈［J］．管理与财富，2005（3）：16-18.

［80］吴福环．论中国边疆民族地区社会治理创新［J］．新疆师范大学学报（哲学社会科学版），2014，35（5）：2+29-35.

［81］吴开松，杨芳．社会组织在西部民族地区社会治理创新中的价值研究［J］．贵州民族研究，2014，35（9）：9-12.

［82］肖文涛．社会治理创新：面临挑战与政策选择［J］．中国行政管理，2007（10）：105-109.

［83］肖应明．"四个全面"蕴涵的治理理论前沿与现实关照——兼及民族地区创新社会治理路径探析［J］．云南社会科学，2015（5）：12-17.

［84］杨立华，常多粉，张柳．制度文本分析框架及制度绩效的文本影响因素研究：基于47个大气污染治理法规政策的内容分析［J］．行政论坛，2018，25（1）：96-106.

［85］杨梅．中国地方政府公共服务标准化探索与思考［J］．北京行政学院学报，2012（3）：30-34.

［86］杨仁忠．社会治理体制创新与社会公共领域参与研究——对党的十八届三中全会有关社会建设问题论述的深层研读［J］．学习论坛，2014，30（2）：43-46.

［87］杨宜勇．福田模式的四个特点［J］．人民论坛，2016（3）：85.

［88］杨颖．公共服务的概念、分类及供给主体创新研究［C］//中国科学学与科技政策研究会．第七届中国科技政策与管理学术年会论文集，2011：15.

［89］郁建兴，吴玉霞．公共服务供给机制创新：一个新的分析框架［J］．学术月刊，2009，41（12）：12-18.

［90］郁建兴．中国的公共服务体系：发展历程、社会政策与体制机制［J］．学术月刊，2011，43（3）：5-17.

［91］詹国彬．结构转换、权力互动与基层社会治理创新——以宁波市北仑区"三位一体"模式为个案的分析［J］．经济社会体制比较，2017（2）：167-177.

[92] 曾庆华，陈成鑫. 大数据时代社会治理的创新发展路径 [J]. 人民论坛，2018 (16)：64-65.

[93] 曾维和，贺连辉. 社会治理体制创新：主体结构及其运行机制 [J]. 理论探索，2015 (5)：82-87.

[94] 曾宇航. 民族地区基层社会治理创新的实践与探索——以贵州省台江县为例 [J]. 中国行政管理，2018 (10)：148-150.

[95] 张凯兰. 社会治理创新中网格化管理服务的基层实践与思考——以长沙市城区为例 [J]. 中共四川省委党校学报，2014 (2)：67-71.

[96] 张康之. 限制政府规模的理念 [J]. 行政论坛，2000 (8)：7-13.

[97] 张康之. 走向服务型政府的“大部制”改革 [J]. 中国行政管理，2013 (5)：7-10.

[98] 张伟. 我国少数民族地区社会治理的创新发展路径研究 [J]. 贵州民族研究，2018，39 (4)：23-26.

[99] 张雪梅. 新时期社会治理创新的制约因素与民主路径解析 [J]. 社会主义研究，2014 (1)：111-119.

[100] 章荣君. 社会治理创新化解基层社会矛盾的模式分析——基于江苏三个典型案例的现实考察 [J]. 湖湘论坛，2017，30 (6)：114-119.

[101] 郑志来. 基于大数据视角的社会治理模式创新 [J]. 电子政务，2016 (9)：55-60.

[102] 周庆智. 社会治理体制创新与现代化建设 [J]. 南京大学学报（哲学·人文科学·社会科学），2014，51 (4)：148-156+160.

[103] 周巍，沈其新. 马克思市民社会理论与当代中国社会治理创新 [J]. 甘肃社会科学，2016 (1)：151-155.

[104] 邹瑜，顾明. 法学大辞典 [M] 北京：中国政法大学出版社，1991.

后　记

至此，本书的写作告一段落，然而关于流动公共服务的研究却刚刚开始。书稿完成的一刻，内心有着许多不舍和感触。因长期在内蒙古生活工作，我对边疆牧区的公共服务现状有着深刻的体会和认识。内蒙古位于祖国的正北方，横跨东北、华北、西北区域，东西直线距离 2400 千米，南北直线距离 1700 千米，内联八省，外接俄蒙，地域辽阔，人口稀少。独特的地理位置和自然环境，造就了边疆地区公共服务需求与供给的特殊性，主要表现为公共服务需求的多样化和供需的不平衡等。正是在这样的感同身受下，我们开始了对流动公共服务这一创新方式的关注。

早在 2008 年，笔者负责的研究团队受内蒙古自治区公安边防总队委托，承担了“草原 110：边境地区社会治安综合治理与经济社会发展公共服务体系”项目研究。在课题研究过程中，课题组多次赴内蒙古自治区农村牧区、边境地区深入调研。在调研过程中发现在广大牧区存在着非常可行的、能解决牧区实际需求的公共服务供给方式。例如，呼伦贝尔地区出现的“流动警务室”，就是让现有的警务资源流动起来，以满足当地老百姓在生产生活领域的服务需求。“草原 110”就是依托“流动警务室”而打造出来的警务服务创新模式，改变过去被动等待提供服务的方式，通过汽车牵引让警务室“流动”起来，主动深入到人民群众中去提供服务。除此之外，在内蒙古辽阔的边疆牧区，还有一些诸如流动小药箱、流动图书馆、文化大篷车等公共服务供给方式也进入了笔者的视野，并留下了深刻的印象；被誉为“草原上的文艺轻骑兵”的乌兰牧骑，同样是流动公共文化服务的典范。在这些新颖的服务方式启发下，笔者团队于2010年申请了内蒙古社科规划基金项目“流动公共服务：边境地区公共服务创新方式”，于2014年申请了国家社科规划基金“流动公共服务：边疆地区社会治理方式创新研究”。笔者团队首次提出并论证了“流动公共服务”的概念，自此开启了围绕流动公共服务的系列研究。

随着课题的不断深入研究和政府部门的实践推动，流动公共服务在国内逐渐成为一项特色研究。国家从“十二五”时期就开始倡导“创新公共服务供给方式，实现提供主体和提供方式多元化”。随着公共服务供给方式创新的不断深入推进，各地方政府也已开展了流动公共服务的大胆尝试。重庆、浙江、山东、内蒙古、广东等地出现了一些具有启发性的流动公共服务探索，也积极地在推进流动公共服务的法制建设。在《流动公共服务：公共服务供给方式创新——概念提出、逻辑起点及创新价值》的基础上，笔者团队进一步提出关于流动公共服务体系构建及实践分析的问题，先后发表学术论文《流动公共服务：基本范畴、供给类型及运行实态》，指导撰写硕士研究生学位论文《流动公共服务的体系构建：一个类型学分析》等。至此，流动公共服务进入了深入研究的阶段。本书是上述系列研究成果的系统性体现，凝结着研究团队多年来的心血和结晶。流动公共服务在理论界、政府管理实践领域逐渐为人熟知、采纳，是研究团队每个人的殷切期盼。

在流动公共服务研究过程中，学术界同仁给予了大力支持和鼓励。感谢中央民族大学管理学院院长李俊清教授一直以来对流动公共服务研究的认可和支持；感谢清华大学社会科学学院张小劲教授对本文模型构建及分析过程给予的大力指导和帮助；感谢清华大学社会科学学院的博士研究生王翔参与了流动公共服务类型矩阵维度构建的论证工作；感谢中国行政管理学会和内蒙古行政管理学会对相关研究的大力支持；感谢在多场学术会议和交流中对流动公共服务研究提出宝贵意见的专家学者们。专家学者们对流动公共服务成本机制的思考成为流动公共服务下一步的研究方向。近年来，我指导的硕士生、博士生、年轻教师对流动公共服务产生了浓厚兴趣并做了大量工作，不仅在学术论文、毕业论文上有所体现，同时也在实地调研中不断地积累素材和案例。参与流动公共服务研究并在本书中有所贡献的成员包括：天津师范大学任梅教授，南开大学博士研究生朱国伟、赵子昕；清华大学博士生王翔；辽宁大学副教授董杨；北京大学博士生云美丽、博士后赵子丽等；大连理工大学博士生杨洋；澳门理工学院博士生杜孟其；内蒙古大学博士研究生赵淼、李红梅、李军虎、吴万宝等；内蒙古大学历届硕士研究生史蕾、张湘云、白娇、苗昇旺等；内蒙古大学白维军教授、乌兰教授、张宇副教授、杨腾原副教授、隋宏鑫副教授等。